W0063079

Heidi Wahl

Mach's dir leicht –
sonst macht's dir keiner

EHP

Kompakt

Die Autorin

HEIDI WAHL ist selbstständige Trainerin und Coach. Die Bergliebhaberin ist ausgebildete REVT-Beraterin, NLP-Master, Reiss Profile Master, Diplom-Sportpädagogin, Burnout-Beraterin, systemischer Coach sowie Redakteurin und Autorin von Büchern und Zeitschriftenartikeln. Seit Jahren beschäftigt sie sich intensiv mit Resilienz, Stressbewältigung und Burnout-Prophylaxe sowie mit Themen, die sich um Wörter, Sätze und Texte drehen – gedruckt oder gesprochen. In Seminaren und interaktiven Vorträgen macht sie Mut und motiviert Menschen, das zu tun, wofür ihr Herz schlägt. Gemäß ihrer Maxime: Denken und Handeln beflügeln! www.heidiwahl.de

Heidi Wahl

Mach's dir leicht –
sonst macht's dir keiner

Resilienz tanken mit dem Mariposa-Prinzip

– EHP 2018 –

© 2018 EHP – Verlag Andreas Kohlhage, Gevelsberg

www.ehp-verlag.de

Bibliografische Information der Deutschen Nationalbibliothek
Die Deutsche Nationalbibliothek verzeichnet diese Publikation in
der Deutschen Nationalbibliografie; detaillierte bibliografische Daten sind
im Internet über http://dnb.d-nb.de abrufbar.

Das Gedicht von Münir Sevim auf S. 5 hat der Autor selbst aus dem türki-
schen Original ins Deutsche übersetzt. Die Vertonung des Gedichts ist über
die Internetseite des Autors zugänglich und wird 2018 als CD erscheinen.
© Münir Sevim (www.munirsevim.com)

Dieses Buch ist auch als E-Book erhältlich

Umschlagentwurf: Uwe Giese
– unter Verwendung einer Zeichnung von Christian Klefke –

Abbildungen: Christian Klefke

Satz: MarktTransparenz Uwe Giese, Berlin

Gedruckt in der EU

Alle Rechte vorbehalten
All rights reserved. No part of this book may be reproduced or transmitted in
any form or by any means, electronic or mechanical, including photocopy-
ing, recording or by any information storage and retrieval system, without
permission in writing from the publisher.

print-ISBN 978-3-89797-105-9
epub-ISBN 978-3-89797-622-1
pdf-ISBN 978-3-89797-623-8

SCHMETTERLINGE

Im Traume stand
in seiden Gewand
Wachen im Frühling
Kündigen Zeit zur Liebe

Sie tanzen die wahren Künste
sind stolz und verletzlich
Bunt, süß und seidig
Prinz, Prinzessin der Fauna

Sie sind Schmetterlinge
im Wirklichen sind Engel
im Rausch voller Schweben
mit dem kürzesten Leben …

Münir Sevim

Inhalt

Prolog

Haben Sie manchmal das Gefühl, einen Klotz am Bein zu haben? So dicke Eisenkugeln, die schon morgens das Aufstehen erschweren und einem den ganzen Tag vermiesen? Oder vielleicht fühlen Sie sich manchmal gefangen im Hamsterrad und wissen nicht, wie Sie da jemals herauskommen sollen? Zu schnell, keine Bremse, keinen Notausstieg? Dann heiße ich Sie willkommen im Club. Im Club derer, die künftig entspannter, gelassener und leichter durchs Leben kommen wollen.

Sie fragen sich jetzt bestimmt: Wie soll denn das gehen? Ich habe doch schon so viele Dinge ausprobiert, bin in Kurse gegangen, habe den Job gewechselt und mich mit Freundinnen und Partner ausgetauscht und nichts hat etwas geholfen. Immer wieder gibt es Tiefpunkte und Stolpersteine, die einem die gute Laune verhageln. Ich kann Ihnen nur empfehlen: Bleiben Sie dran, lassen Sie sich nicht entmutigen von Ihrem Vorhaben, mehr Leichtigkeit zu haben, mehr Genuss oder vielleicht mehr Zeit für sich, Ihre Lieben und Ihre Hobbies. Freuen Sie sich auf die Hochzeiten, die da noch kommen.

Klar, manchmal gibt es einfach Phasen im Leben, in denen wir unsere Entwicklung nicht pushen können, durch keine Droge dieser Welt – auch wenn wir es gerne täten. Da ist es nötig, dass wir uns, unseren Kokon, unsere Komfortzone genauer unter die Lupe nehmen und schauen, was eigentlich los ist. Praktisch eine Reise in unser Inneres starten. Und dabei prüfen, ob wir im Leben da angekommen sind und dort stehen, wo wir hinwollen. Im Laufe der Jahre gibt es immer wieder Momente des gefühlten Stillstands: keine Reaktion auf das Dutzend Bewerbungen, die man akribisch ausgearbeitet und abgeschickt hat. In der Hoffnung, den begehrten Job an Land zu ziehen. Oder der Umzug in das neue Büro verzögert sich wegen eines Wasserschadens um Monate. Man sitzt auf gepackten Kartons, null Bock, die Ordner wieder auszupacken und es sich wieder im alten Stil gemütlich zu machen. Doch dann, endlich, kommt der ersehnte Anruf! Von einem Moment auf den anderen fühlen Sie sich voller Energie, Sie machen Freudensprünge und umarmen den nächstbesten, der Ihnen über den Weg läuft. Bedienung, Kollege, Paketdienst, egal. Es geht wieder aufwärts. Ach, wie ist das Leben schön! Ganz besonders toll und fluffig ist das Leben für frisch Verliebte. Wenn Schmetterlinge im Bauch herumtollen und die Herzen höherschlagen lassen.

Schmetterlinge fand ich schon als Kind spannend. Also, ich meine richtige Schmetterlinge, Tiere eben. Und manchmal, aber wirklich ganz selten, ließ sich einer auf meinem Arm nieder. Im Garten meiner Eltern oder auf den Streuobstwiesen meiner Großeltern. Kurze Momente seltenen Glücks. Dabei hatte ich immer die Ermahnung meiner Oma im Ohr: »Keinen Schmetterling anfassen. Sonst kann er nicht mehr fliegen!« Besonders faszinierend ist es, die unterschiedlichen und wirklich eindrucksvollen Entwicklungsschritte bei Schmetterlingen zu beobachten: Erst ist da ein kleines Ei, aus dem eine Raupe wird, die sich schließlich verpuppt und in einem Kokon regungslos verharrt, ehe ein bunter Schmetterling schlüpft und von Blüte zu Blüte gleitet. Lautlos, leicht.

Stimmt das denn? Können Schmetterlinge tatsächlich nicht mehr fliegen, wenn man ihre Flügel betatscht? Ich habe das überprüft und Experten befragt: Nein, Schmetterlinge können dann immer noch fliegen, aber es ist viel mühsamer für die kleinen Insekten. Denn durch die Berührung verlieren sie Flügelschuppen, was sich beim Fliegen ungünstig auf die Strömungsverhältnisse auswirkt. Sie haben dann praktisch kleine Eisenkügelchen an ihren Beinen. Je mehr ich mich mit den Eigenschaften und Fähigkeiten von Schmetterlingen beschäftigte und je tiefer ich in die Lepidoptera-Materie einstieg, umso mehr beeindruckten sie mich und ich dachte: Wow, von denen kann man ja noch einiges lernen! Sie sind beispielsweise äußerst kreativ und offen für neue Lösungen, wenn sich die Umgebungsbedingungen ändern. Fällt kein Regen und sind alle Pfützen vertrocknet, dann löschen einige Spezialisten ihren Durst eben mit Tränenflüssigkeit anderer Tiere. Auch in Sachen Tarnung, Täuschung und Abwehr sind Schmetterlinge Ausnahmekönner. Alles nur um zu überleben.

Menschen, die gerne mal »Ja« sagen, aber »Nein« denken, ärgern sich hinterher oft grün und blau. Wenn sie es mal wieder nicht geschafft haben, die zuvor akribisch ausformulierten und zurechtgelegten Sätze wie »Nein, ich kann dieses Mal keinen Kuchen backen« oder »Heute kann ich die Präsentation nicht mehr ändern, ich muss meinen Sohn zum Fußballtraining fahren« über die Lippen zu bringen. Und dann ganz bedröppelt dastehen, mit hängenden Schultern, niedergeschlagen und sich fest vornehmen: »Beim nächsten Mal mache ich das anders! Ganz sicher!«

In den folgenden Kapiteln beantworte ich Fragen, die Sie wahrscheinlich auch brennend interessieren: Was machen Menschen, die ihr Ding machen und daher mit Leichtigkeit durchs Leben schweben, eigentlich anders? Wie kommt es, dass einige meiner Freunde gerne zur Arbeit gehen, während andere die Tage bis zur Rente zählen? Oder eine Abteilungsleiterin mir auf dem Weg zur Kantine erklärt: »Ich warte eigentlich nur darauf, dass ich Oma werde.« Es ist ihr zu anstrengend, einen anderen Job zu suchen. »In meinem Alter finde ich ja sowie nichts mehr.« Stattdessen verlässt sich Gisela darauf, dass das ersehnte Enkelkind künftig ihrem Leben wieder einen Sinn gibt und sie als Oma beim Kinderwagen-Schieben aufblüht. Diese Haltung konnte ich nicht nachvollziehen. Ich fragte Gisela irritiert: »Und was machen Sie, bis Sie Oma werden? Das kann ja noch dauern, Ihre Tochter ist doch gerade erst 22 geworden.« »Nichts. Ich mache so weiter wie jetzt.«

Dieses kurze Gespräch beschäftigte mich so sehr, dass ich mich auf die Suche machte. Nach Mechanismen und Mustern, die solche Denkweisen fördern. Aber auch nach Voraussetzungen und Faktoren, die Leichtigkeit, Spaß und Freude ins Leben bringen. Theoretisch und praktisch. Als Trainerin und Coach habe ich dazu jede Menge Gelegenheiten. Auch in meinem Leben gab es Situationen (Trennung, Jobverlust, Krankheit, Unfall), die mich ganz schön gebeutelt haben. In der akuten Phase zählt nur das Durchkommen, das Überstehen der aussichtslosen Lage. Wenn sich das Chaos etwas gelichtet hat, geht es um die Frage: Wie gewinne ich wieder die Leichtigkeit, mit der ich vorher durchs Leben gegangen bin? Und wie gestalte ich meinen weiteren Lebensweg, so dass ich jeden Tag zufrieden bin

und mich abends im Bett an die kleinen angenehmen Momente
erinnern kann?

In diesem Buch will ich Ihnen Zusammenhänge aufzeigen, die Sie
so vielleicht noch nicht gesehen haben: Die Entwicklung der Leichtigkeit ähnelt der Metamorphose bei Schmetterlingen. Das hat die
Natur ganz schön raffiniert eingefädelt, Respekt! Bei meinen Erkun-
digungen habe ich zudem erstaunt festgestellt, welche entscheidende
Rolle unser Gehirn und die darin ablaufenden neurobiologischen
Vorgänge spielen. Sie werden sich wundern, was unsere grauen Zellen
so treiben, wenn wir ihnen freien Lauf lassen: Was sie einmal gelernt
haben, wollen sie auf Teufel-komm-raus beibehalten. Ganz schön
fiese Nummer. Die gute Nachricht: Mit Beharrlichkeit und einigen
Tricks lässt sich selbst das eingefahrenste Hirn umprogrammieren.
Sofern der Besitzer sich dazu entscheidet und sich nicht durch Ver-
sprechungen wie »auf dem Sofa ist es viel schöner als im Fitnessstudio«
beeinflussen lässt. Das kommt Ihnen bekannt vor? Prima, dann freuen
Sie sich auf die Episoden von Bekannten, Seminarteilnehmern oder
Coaching-Klienten (alle Namen geändert). Wahrscheinlich stellen
Sie fest: Oh, so was Ähnliches habe ich auch schon mal gedacht oder
erlebt. Und vielleicht entdecken Sie wertvolle Hinweise oder Tipps
für Ihre eigene Weiter-Entwicklung.

Ich gebe Ihnen mit dem MARIPOSA-Prinzip acht Schlüssel an
die Hand, mit denen Sie an den verschiedenen Rädchen drehen
können und mit denen Sie geschmeidiger durch Hochs und Tiefs
gleiten. Einfache Methoden und alltagstaugliche Techniken helfen
Ihnen, Ihre Wahrnehmung zu trainieren, damit Sie eingerostete
Bremsklötze und Schrauben rasch erkennen und lösen können.
Denn Sie wollen doch Ihre Energie und Ihr Know-how zielgerichtet
in den Bereichen einsetzen, die Sie für sinnvoll halten, oder? Und
sich öfter trauen, das zu sagen und das zu tun, was Sie für sich als
richtig ansehen. Also Ihre PS auf die Straße bekommen, selbst wenn
der Partner oder die Freundin eingefleischte Fahrradfahrer sind.
Und aktiv Situationen angehen, vor denen Sie sich bislang gedrückt
haben. Ja, genau, ich meine das zerrüttete Verhältnis mit XY, das
Ihnen schon seit Wochen den Schlaf raubt und Ihnen schwer im
Magen liegt. Ich kann das Gespräch nicht für Sie führen, doch ich
zeige Ihnen, wie Sie sich darauf mental vorbereiten können und

dann selbstbewusst zum Telefonhörer greifen und die Angelegenheit elegant aus der Welt schaffen.

Nach der Übung »Lebens-EKG« werden Sie mit anderen Augen auf die einschneidenden Erlebnisse in den vergangenen Jahren schauen und staunen, wie gut Sie vieles gemeistert haben und weiterhin meistern werden. Sie erkennen, welche Kompetenzen und Stärken in Ihnen schlummern, die manchmal, ruckzuck, von Verhaltensmustern und Denkweisen aus der Kindheit in die hinterste Ecke gedrängt werden. Sie bekommen aber auch Ideen und Vorschläge, wie Sie sich aus dieser ungünstigen Position befreien können. Ganz besonders viel Spaß beim Lesen werden Sie auf den Seiten haben, wo wir gemeinsam pädagogische Leitsprüche wie »Das macht man nicht!« oder »Nur die Harten kommen in den Garten« auseinanderpflücken. Dieses Wissen wird Ihnen helfen, souveräner und gelassener auf die Kapriolen des Lebens zu reagieren.

Vielleicht sind Sie nach der Lektüre des Buches so motiviert, dass Sie sich mutig auf die Suche nach einem passenderen Job oder nach einem befriedigenden Hobby machen. Vielleicht buchen Sie wild entschlossen die lang ersehnte Reise nach Bali? Es kann auch sein, dass Sie ganz kleine Schritte gehen und damit starten, Ihr Augenmerk auf die positiven Dinge zu lenken, auf das, was Ihnen täglich gelingt. Abends, im Bett. Ziel ist, das Denkorgan aus seiner Wohlfühlzone zu bugsieren. Ihre eigene Situation etwas besser zu verstehen und Ihnen einen Ansporn zu geben, sich von Altlasten zu befreien und Ihr Leben dadurch wieder leichter werden zu lassen. Mit Hilfe der acht Gebote des MARIPOSA-Prinzips schaffen Sie das! Das Gute daran: Sie müssen nicht bei M, beim ersten Punkt beginnen. Sie können auch beim S starten. Hauptsache, Sie fangen an!

1. Mariposa oder Faszination Schmetterling

> Wer Schmetterlinge lachen hört, der weiß, wie
> Wolken schmecken ...
> *(Carlo Karges)*

Blut rühren war mein erster Ferienjob. Eine verantwortungsvolle Aufgabe für eine Siebenjährige. Das rotbraune Schweineblut mit beiger Schaumkrone im weißen Plastikeimer musste immer in Bewegung bleiben, damit es nicht gerann. Also rührte ich immerzu. Einmal linksherum, einmal rechtsherum. Immer abwechselnd. Meine Mutter fand das alles sehr eklig. Das Blut, der Geruch, die Borsten, die vollen Schweinedärme. Für mich war es einfach nur aufregend, ein Highlight in den Herbstferien, auf das ich mich schon wochenlang vorher gefreut habe. Mich faszinierte der ganze Ablauf der Schlachtung, die einzelnen Schritte, die fette Speckschicht unter der Haut und besonders das Innenleben der Schweine. Ich bekam große Augen beim Anblick von Herz, Hirn, Nieren, Darmschlingen und Leber. Wie unterschiedlich doch die einzelnen Organe waren! Hinsichtlich Form, Farbe, Aufbau und Struktur. Und natürlich durfte ich die Innereien auch anfassen. Natürlich erst nachdem ich Stein und Bein geschworen hatte, meine Hände vorher gründlich gewaschen zu haben. Während sich die Leber eher labberig anfühlte, war das Herz kompakt, der Darm glitschig und zart zugleich. Und niemand hat es gestört, dass ich 'zig Fragen stellte und alles genau wissen wollte. Hauptsache, ich stand nicht im Weg herum und behinderte die Erwachsenen.

Wir haben früher zuhause auf der Schwäbischen Alb bei uns im Haus, besser gesagt, in der Garage geschlachtet. Die Schweine züchteten meine Großeltern, Metzgermeister Gerhard tötete, zerlegte und verarbeitete die Tiere und danach hatten wir in der Gefriertruhe Unmengen Schnitzel, Braten und Rouladen. Leber- und Blutwürste wurden in Därme oder Dosen gefüllt. Klassische Selbstversorgung, alles biodynamisch und wahnsinnig lecker.

Als Kind war ich nicht nur beim Schlachten dabei, sondern ständig im Stall von Oma und Opa. Ich fütterte Schweine und Hühner,
streichelte Katzen, Kälber und Kühe. Sie kennen das Gefühl einer
rauen Kuhzunge auf der Hand? Herrlich. Wahnsinnig traurig war
ich jedoch, als ich eines Morgens das sehnsüchtig erwartete, in der
Nacht zuvor geborene Kalb sehen wollte: es war tot. Der Kadaver
lag zugedeckt unter einer Decke in der Scheune, auf dem kalten
Steinboden. Abholbereit für den Tierverwertungs-Laster. »Warum
musste das Kälbchen sterben?«, fragte ich meine Oma. »Es war einfach zu schwach. Das passiert halt manchmal. Das gehört dazu zum
Leben.« Ich fand das nicht gut, nahm das aber kommentarlos hin.
Denn wenn das die Oma sagt, dann ist das so. Meine Oma – ich
nannte sie auf gut schwäbisch »Ahna« – kannte alle Facetten von
Freud und Leid im Stall.

Trecker fahren statt Party machen

Tiere und Technik. Das waren damals meine Favoriten. Neben
Skifahren, Handball und Lesen. Unseren hellblauen Traktor konnte
ich schon als Grundschülerin auf dem Acker durch die Heuballen
steuern – ohne mit den Füßen aufs Gaspedal zu reichen. Das war
kein Problem, denn Opa (»Ene«) legte den ersten Gang für mich ein
und ich grinste breit hinterm Lenkrad. Als Teenie lernte ich unter
Ahnas Aufsicht mit der Hand melken und an meinem Geburtstag
im September war immer Kartoffeln auflesen angesagt statt Party.
Das hat mich damals natürlich unendlich genervt. In der Landwirtschaft mithelfen war ziemlich uncool, denn meine Freunde spielten
stattdessen Fußball oder schauten fern.
    Urlaub auf dem Bauernhof ist heutzutage für Kinder der Renner.
Ich hatte das damals ständig, ungewollt und unfreiwillig. Doch zugegebenermaßen gab es auch viele schöne Momente, etwa wenn das
Heu kurz vor dem Gewitterschauer trocken in der Scheuer war oder
die Vesperpausen auf dem Feld, im Schatten von Bäumen. Mit selbst-
gebackenem Brot, Hausmacher-Leberwurst, Most und Dutzenden
von Schmetterlingen. Sie beim Essen zu beobachten, war einfach toll.
Und manchmal ließ sich sogar einer auf meinen Füßen nieder. Das

waren dann ganz besondere Momente. In denen ich absolut ruhig sitzen konnte. Meine Oma erklärte mir die einzelnen Schmetterlinge. »Das da ist ein Kohlweißling und der da drüben heißt Pfauenauge.« Ich war fasziniert. Wie unterschiedlich die Schmetterlinge doch waren. Und wie fragil, verletzlich. Im Gegensatz zu den robusten Kühen, Schweinen und Hühnern im Stall.

Auch wenn ich damals gelegentlich genervt war von der Landwirtschaft: Im Nachhinein profitiere ich von dem, was ich en passant in Stall, auf Acker und Wiesen über Tiere, Pflanzen und Jahreszeiten gelernt habe. Zwar kann ich in unserer Münchner Stadtwohnung weder Hühner noch Schweine halten, aber Gärtnern ist inzwischen meine große Leidenschaft. Sie erdet mich, macht Kopf und Gedanken frei. Nach den »Eisheiligen« im Mai lege ich los im Schrebergarten um die Ecke, säe Radieschen und Blumen, pflanze Salat, Kohlrabi, Fenchel, Gurken und Rucola. Und freue mich über jedes neue Blatt und jede neue Blüte. Beim Gärtner meines Vertrauens kaufe ich stets eine italienische Zucchinipflanze, die ich täglich besuche und ungeduldig auf die erste Frucht warte! Den grünen Daumen habe ich von Oma und Mama geerbt. Und auch mein Interesse für Tiere und Pflanzen, deren Entwicklung und Gedeihen übers Jahr hinweg, wurde in meiner Kindheit geweckt. Schon in der Grundschule habe ich Heimat- und Sachkunde geliebt und nach dem Abitur wollte ich Biologie studieren. Letztlich entschied ich mich aber für ein Germanistik- und Sportstudium an der Uni Tübingen zum Start meiner beruflichen Laufbahn – mit dem Ziel Gymnasial-Lehrerin zu werden.

Blöde Fragen gibt es nicht!

Anfangs war ich mit diesem Berufsziel und der Fächer-Kombi ganz happy, doch nach einigen Semestern wurden die Germanistik-Seminare zur Qual. Die anfängliche Begeisterung, Leichtigkeit und Motivation waren verflogen. Gelegentlich bereute Frau Wahl ihre Wahl. Was tun: Weitermachen? Aufhören? Fach wechseln? Alle möglichen und unmöglichen Alternativen und Argumente wälzte ich durch meine Gehirnwindungen. Ich kam nicht weiter. Coaches

oder Mentoren gab es damals noch nicht. Im Nachhinein betrachtet
wäre solch eine Unterstützung in dieser Phase für mich genau das
Richtige gewesen. Also verharrte ich damals in meinem Kokon
und zog das Studium durch – denn ausdauernd und diszipliniert
war ich schon immer. Außerdem hatte ich trotz allem ein gutes
Bauchgefühl und mein Motto, der antreibende Gedanke im Kopf,
hieß damals und heißt auch heute noch: »Es wird schon für etwas
gut sein und seinen Sinn haben, auch wenn ich momentan noch
nicht weiß, für was.«

Genau so war es. Parallel zum Studium begann ich in der
Sportredaktion eines Regionalradios zu arbeiten. Texte schreiben,
Anmoderationen auf den Punkt bringen, Nachrichten knapp und
präzise formulieren – das alles fiel mir relativ leicht, obwohl ich
journalistische Anfängerin war. Die Arbeit als rasende Reporterin
machte mir vor allem großen Spaß und ich bekam prima Feedback
von Kollegen und Hörern. Mein ursprüngliches Berufsziel (ver-)
wandelte sich von Lehrerin zu Journalistin! Plötzlich profitierte ich
von der ungeliebten Germanistik, den scheinbar nutzlosen Lingu-
istik-Vorlesungen. Ich konnte das mühsam Gelernte und Studierte
erst beim Radio, dann bei der Tageszeitung »Schwäbisches Tagblatt«
praktisch anwenden. Der endgültige Abschied vom Lehrerinnenda-
sein und der Beginn meiner Ausbildung zur Redakteurin ließ nicht
lange auf sich warten.

Als Journalistin konnte ich einige meiner Leidenschaften und
Charakterzüge voll ausleben: mit interessanten Menschen reden, neue
Leute kennenlernen, neugierig sein, Augen und Ohren aufsperren.
Auf dem Fußballplatz, im Gemeinderat oder bei den Kleintierzüch-
tern. Das Schöne am journalistischen Arbeiten bringen acht Worte
auf den Punkt: Es gibt keine blöden Fragen, nur blöde Antworten.
So bin ich doch noch Forscherin geworden, wenn auch nicht in der
Biologie, sondern in den Medien. Lange Jahre war das für mich der
optimale Job – als freie Journalistin oder festangestellt in Redakti-
onen, beim Radio, bei Tageszeitungen, Agenturen und Magazinen.
Doch das Unterrichten fehlte mir, die Lehrerin in mir kam mit den
Jahren nicht mehr auf ihre Kosten. Also berufliche (Ver-)Wand-
lung, die Zweite. Selbstständige Trainerin, Autorin und Coach bin
ich nun und mit diesem Trio voll in meinem Element. Und noch

immer profitiere ich von meinem Germanistikstudium, wenn ich Schreibwerkstätten für Kunden abhalte und Öffentlichkeitsarbeit unterrichte.

Bis ich jedoch so weit war, hatte ich einige schlaflose Nächte, öfters Minus auf dem Konto, schlechte Laune und die immer wiederkehrende Frage im Kopf: Wo und wann kommt endlich der nächste Auftrag? Von Leichtigkeit weit und breit nichts zu sehen. Weder bei mir noch bei vielen Freunden, Kunden und Seminarteilnehmern.

Sackgassen beschwingt verlassen

Das kann doch nicht sein, dachte ich mir. Was sind die Ursachen für diese Unzufriedenheit und Verbissenheit? Muss das sein, kann es nicht mal nur flutschen im Leben? Immer dieses ständige Auf und Ab, drei Schritte vorwärts, zwei zurück. Manche Menschen stehen sich gar selbst im Weg und machen sich das Leben schwer, bauen sich ihre eigenen Einbahnstraßen und Sackgassen. Von persönlicher Weiterentwicklung ist wenig zu sehen, immer derselbe Trott und dieselben Geschichten. Andere hingegen schaffen es trotz Liebeskummer, Kündigung oder Krankheiten, beschwingt nach vorne zu schauen. Was macht den Unterschied und wie sehen die Erfolgsrezepte aus?

Ich fing an zu suchen. Im Internet, in Büchern, in Fortbildungen, in Gesprächen mit Experten und Freunden, in Workshops und Seminaren. Im Münchner Tierpark Hellabrunn – für den Zoo habe ich schon eine gefühlte Ewigkeit eine Jahreskarte –, in den Bergen, an meinem Lieblingssee und im Botanischen Garten München-Nymphenburg. Während der Wintermonate kann man dort in einem umgebauten Gewächshaus tropische Schmetterlinge aus direkter Nähe beobachten. Waren Sie vielleicht schon mal mit Ihren Kindern in einer Schmetterlingsfarm oder Ausstellung? Ich bin praktisch eine Wiederholungstäterin und bei jedem Besuch immer wieder fasziniert von der wundersamen Metamorphose: Erst liegt da ein winziges Ei, aus dem eine gefräßige Raupe wird und schließlich – nach einer Ruhe- und Entwicklungsphase im Kokon

– verwandelt sich die Puppe in einen (farbenfrohen) Schmetterling.
Ein Wunderwerk der Natur mit faszinierenden Eigenschaften. Finden Sie nicht auch?

Falls Sie schon immer mal mehr über Schmetterlinge erfahren
wollten, doch weder Zeit noch Muße hatten und sowieso überhaupt keine Lust auf dicke Wälzer, kein Problem. Die Recherche
in Schmetterlingsausstellungen und in der (Online-)Literatur habe
ich übernommen und die wichtigsten Punkte, Eigenschaften und
Besonderheiten der farbenprächtigen und filigranen Insekten zusammengefasst. Biologen können jetzt schon mal die Nase rümpfen und
sich über fehlende Fachbegriffe sowie mangelnde wissenschaftliche
Details mokieren. Für die anderen Leser und Leserinnen gilt: Tauchen
Sie mit mir in die Geheimnisse von Metamorphose, Mimese und
Mimikry ein. Lassen Sie sich überraschen und staunen Sie!

Acht Eigenschaften von Schmetterlingen

Je länger ich mich mit Schmetterlingen beschäftigt habe, umso
größer wurde nicht nur mein Wissen, sondern auch mein Respekt
vor diesen Wesen. Wirken sie auf den ersten Blick unscheinbar und
zerbrechlich, haben sie es bei genauerer Betrachtung faustdick hinter
den Ohren – Näheres wird bei »Strategen mit ausgeklügelten Sinnen«
beschreiben – und sind ganz schön ausgebufft. In vielen verschiedenen Bereichen. Mit allerlei Tricks halten angehende und erwachsene
Schmetterlinge beispielsweise ihre Feinde auf Abstand und schaffen
es so, munter und unbehelligt von einer Blüte zur anderen zu kommen. Weitere Besonderheiten und Fähigkeiten, die ich bei meinen
praktischen und theoretischen Exkursionen im Schmetterlingsreich
entdeckt habe, stelle ich Ihnen auf den nächsten Seiten vor. Sie sind
die Basis für das von mir entwickelte MARIPOSA-Prinzip, in dem
ich sozusagen das kleine Einmaleins der Schmetterlingskompetenzen
und Fähigkeiten zusammengefasst, »übersetzt« und menschentauglich
gemacht habe. Doch dazu später.

Bei meinen Besuchen bei den Nymphenburger Schmetterlingen
und meinen Forschungen ist mir aufgefallen, dass die Metamorphose
die Zeit braucht, die sie eben braucht. Keine Phase kann übersprun-

gen werden, jede ist nötig, damit sich aus dem Ei irgendwann ein
Schmetterling entwickelt. Das hat die Natur so festgelegt. Eine
Phase folgt auf die andere. Punkt. Da ist nichts zu machen, man
kann nur zuschauen, abwarten, genießen und staunen. Ein Blick
auf die Uhr ist zwecklos: Der Schmetterling schlüpft trotzdem
nicht schneller aus dem Kokon. Wie schön wäre es, wenn wir unsere eigene Entwicklung und die dafür benötigte Zeitspanne auch
so gelassen hinnehmen könnten! Und was wäre, wenn das meine
Coaching-Klienten so sehen würden? Etwa Harry Groß, der immer
völlig gehetzt zu unseren Terminen erscheint und dem alles nicht
schnell genug geht? Der Teamleiter eines Automobilzulieferers
würde am liebsten seinen Mitarbeitern von heute auf morgen neue
Arbeitsabläufe diktieren, die sie sofort umsetzen sollen. Harry Groß
würde wahrscheinlich einen mittelschweren cholerischen Anfall
bekommen, wenn er Schmetterlinge beim Schlüpfen beobachten
sollte. Denn Geduld, stillsitzen, beobachten, sich auf wechselnde
äußere Umstände einstellen – diese Dinge gehören definitiv nicht zu
seinem Repertoire. Da könnte er sich von den geflügelten Insekten
einiges abschauen, dachte ich im gut geheizten Gewächshaus. Die
erste Idee für dieses Buch flatterte durch mein Hirn … Bis es den
richtigen Aufbau hatte, geschrieben, überarbeitet und gedruckt war,
durchlief es auch verschiedene Stadien, genau wie ich selbst. Und
benötigte seine Zeit.

Lassen Sie uns mit den kleinen, feinen Charakterzügen von
Schmetterlingen beginnen. Auch wenn manche Leser bereits an dieser
Stelle gerne erfahren würden, was sie von Schmetterlingen lernen
können. Doch auch hier gilt: Eins nach dem anderen.

Mimese, die Kunst der Tarnung

Dass am Ende der Entwicklungskette, also der von
Experten so genannten Metamorphose, tatsächlich
ein Schmetterling aus dem Kokon schlüpft, klappt nur im günstigsten
Fall. Im Botanischen Garten stehen die Chancen gut – bei optimalen
Temperaturen und ohne hungrige Fressfeinde. In freier Wildbahn
sind Schmetterlinge hingegen für Vögel, Fledermäuse, Wespen und
Fliegen ein Leckerbissen. Um nicht gefressen zu werden, haben sich

Schmetterlingsraupen verschiedene Abwehrmechanismen angeeignet:
Sie imitieren giftige und gefährliche Tiere, Mimikry (Warntracht)
ist dazu der Fachbegriff. Tagpfauenauge und Nachtpfauenauge etwa
haben Augenflecke auf ihren Flügeln. Die angedeuteten Tieraugen
verwirren Räuber dermaßen, dass sie an der falschen Stelle zubeißen.
Schwalbenschwänze sind noch raffinierter: mit ihren zwei Augenfle-
cken plus entsprechender Körperhaltung führen sie ihre Fressfeinde
erfolgreich in die Irre.

Wiederum andere Schmetterlinge imitieren Blätter, Zweige, welkes Laub oder gar Vogelkot (Mimese). Einige Arten wehren sich mit
Dornen, die bei Berührung Gift abgeben, oder mit starker Behaarung.
Beispielsweise haben die Raupen des Eichen-Prozessionsspinners
über 600.000 giftige Härchen, die bei Menschen Allergien auslösen
können. Dazu ist nicht einmal direkter Hautkontakt nötig. Es reicht,
wenn man unter befallenen Bäumen die Picknickdecke ausbreitet.
Das könnte des Rätsels Lösung sein, falls Sie sich schon mal gefragt
haben, warum Ihre Unterarme nach einer Brotzeit im Grünen so
jucken.

Schmetterlinge (wissenschaftlich Lepidoptera, also Schuppen-
flügler) sind Experten in Sachen Tarnung, Täuschung und Abwehr.
Ohne diese Fähigkeiten wären sie im täglichen Überlebenskampf
aufgeschmissen. Das ist bei uns Menschen ganz ähnlich. Okay,
man kann drüber diskutieren, ob erwachsene Männer tatsächlich
in grün-beigen Tarnanzügen ihren Hobbys (Jagen, Fischen, Grillen)
nachgehen sollten. Nichtsdestotrotz: Tarnen, täuschen und sich
wehren, ist auch für die Spezies Homo Sapiens wichtig. Im Sinne
von sich selbst schützen und sich abgrenzen. Denn nicht immer
sind wir physisch und mental in der Lage, den »Überlebenskampf«
im beruflichen oder privaten Alltag zu führen. Wenn es schon kein
Tarnmäntelchen gibt für unwegsame Situationen mit Chef, Kollege
oder Freundin, dann hilft manchmal die Ohren auf Durchzug stellen
und ein klares »Nein«.

Zugegebenermaßen gehört dazu ein wenig Mut. Den Mut zu
haben, das zu tun, was einem selbst guttut. Es ist manchmal gar
nicht so einfach, sein eigenes Leben zu leben. Und zwar in erster
Linie deshalb, weil wir uns vor dem fürchten, was andere von uns
denken (könnten) und was sie über uns reden (könnten). Und weil

wir, wenn wir anders sind als die anderen und uns anders als üblich oder der Norm widersprechend verhalten, vielleicht nicht mehr dazugehören. Uns ausgeschlossen fühlen aus der Gemeinschaft. Eine Urangst, die ihren Ausgangspunkt in der Steinzeit hat. Allein hatte man eben damals keine Chance gegen Säbelzahntiger und Co. Nur in der Gruppe war Überleben möglich. Das Erstaunliche daran: Wenn heute der Chef ins Büro kommt oder Kunde XY anruft, passiert in unserem Reptilienhirn dasselbe wie vor 100 000 Jahren: Wir geraten unter Druck, der Körper wird von Stresshormonen durchflutet und unser Hirn wird praktisch abgeschaltet. Es funktionieren dann nur noch die alten Muster Flucht oder Kampf. Im Büroalltag kommt dann ein mürrisches, knappes »Weiß ich doch nicht, wer für dieses Thema zuständig ist!« (Kampfmodus) oder ein »Ja gut, mach ich halt auch noch«. Was nichts anderes ist als ein modernes Fluchtverhalten, ein Ausweichen, wenn eigentlich ein klärendes Gespräch mit dem Gegenüber angesagt wäre.

Denn wer eine eindeutige Ansicht und eine klare Absicht hat und sich dementsprechend verhält, stößt bei seinen Mitmenschen nicht immer auf Verständnis. Das kennen Sie sicher von sich und Ihrer Familie oder Ihrem Bekanntenkreis. Mir geht es nicht anders, keine Sorge! Ein Beispiel aus meinem reichhaltigen Fundus: Einer Freundin von mir blieb bei einem Biergartenbesuch fast der Strohhalm vom Sprizz Aperol im Hals stecken. Wir hatten uns über einen gemeinsamen Kollegen unterhalten, der wirklich sehr nett ist, aber auch super anstrengend. Bei der Gelegenheit gab ich meine Entscheidung zum Besten, dass ich mich schon seit geraumer Zeit privat nur noch mit Leuten treffe, die mir guttun und auf die ich Lust habe. Und dass zu diesen Menschen eben besagter Kollege nicht gehöre. Das führte bei meiner Freundin erst zu Schnappatmung und dann zur Frage: »Das traust du dich? Das kann man doch nicht machen!« Doch. Man kann. Nicht immer, aber immer öfter. Voraussetzung: Sätze mit eindeutiger Aussage, aber sozialverträglichen Formulierungen und ein gutes Gespür für die eigenen Bedürfnisse. Insbesondere für Ruhe und Entspannung. Denn wer ständig »nein« denkt und dann doch »ja« sagt, also Bitten von Mitmenschen nicht abschlagen kann, endet im schlimmsten Fall in einem Burnout. Und vielleicht kennen Sie den Spruch »Everybody's darling is everbody's depp«. Meine Freundin hat das inzwischen auch festgestellt und traut sich nun manchmal bei der Arbeit, nein zu sagen. Ein Lern- und Entwicklungsprozess. Die Folge: weniger Überstunden und ein besseres Gefühl.

Metamorphose, das ›fluginsektarische‹ Wunderwerk

Schmetterlinge machen wie Fliegen und Mücken auf ihrem Weg vom Ei zum erwachsenen Tier eine Ent- wicklung durch, die schon etwas weiter vorn genannte Metamorpho- se. Weil Schmetterlinge vier Entwicklungsstadien durchmachen – Ei, Raupe, Puppe und erwachsener Falter (Imago) – durchlaufen sie eine vollständige Metamorphose. Im Gegensatz zu hemimetabolen Insek- ten. Da bei diesen das Puppenstadium fehlt, sprechen Experten von unvollständiger Metamorphose. Das Aussehen ändert sich während der Metamorphose jedoch bei allen Arten vollständig.

Einige Falter können wie Kolibris praktisch in der Luft stehen, um an Blüten Nektar zu saugen. Das erreichen sie mit dem »Ach- terschlagen« ihrer Flügel. Die Flügel bewegen sich also nicht wie bei Vögeln auf und ab, sondern beschreiben eine liegende Acht. Manche können sogar rückwärts fliegen, und die ›Sprinter‹ unter den Schmetterlingen schaffen im Schwirrflug Spitzengeschwindigkeiten von bis zu 50 km/h.

Um jedoch überhaupt fliegen zu können, müssen sich Schmetter- linge nach kühlen Nächten morgens erst in der Sonne aufwärmen, da sie wechselwarme Tiere sind. Ohne das Entfalten ihres Bewegungsap- parates könnten wir Menschen weder die farbig schimmernden Flügel noch die Augenflecke etwa von Tagpfauenauge oder Nachtpfauenauge bestaunen. Und ohne das Fliegen gäbe es für Schmetterlinge nichts zu futtern. Blüten wären unerreichbar. Machen Schmetterlinge beim Fliegen eigentlich Geräusche? Gute Frage, oder? Ich muss mal forschen und recherchieren …

Apropos aktiv sein, tun und machen. Wer weiterkommen und sich entwickeln möchte, kommt nicht umhin, sein Leben in die Hand zu nehmen. Konkret heißt dies, aufmerksam sein, Entschei- dungen treffen und handeln. Man könnte auch sagen, auf Augen- höhe mit sich selbst sein – selbst in schwierigen Momenten und

Situationen. Heißt auch, sich nicht unüberlegt in Aktionen und Abenteuer zu stürzen und den gleichen Fehler immer wieder zu machen. Manchmal gehört auch dazu, unangenehme Situationen auszuhalten, beharrlich dranzubleiben und ausdauernd seine Ziele zu verfolgen. Lernen, einen »Schmetterlings-Achter« zu schlagen, auch wenn es anfangs unmöglich erscheint. Sportler sind darin Experten – etwa Turner und Turnerinnen. Mir wird immer ganz schwindelig, wenn ich sehe, was am Boden, an den Ringen, auf Schwebebalken oder am (Stufen-)Barren möglich ist. Ohne Zeitlupe bin ich nicht imstande, die ganzen Schrauben, Salti und Drehungen auseinander zu halten, geschweige denn zu zählen. Etwa die von der US-Amerikanerin Simone Biles (Jahrgang 1997), die bei den Olympischen Spielen in Rio 2016 vier Goldmedaillen und eine Bronzemedaille gewann. Der Lohn für die vielen, harten Trainingseinheiten in Halle und Kraftraum.

Erinnern Sie sich noch an Ihre Schulzeit und den kurz vor den Sommerferien stattfindenden Wettbewerb »Jugend trainiert für Olympia«? Und wenn es nach Rennen, Laufen und Werfen Urkunden und Medaillen gab? Ich fand das toll, nach der ganzen Trainiererei zu merken, dass sich Geduld, Disziplin und Ausdauer irgendwann mal auszahlen. Wer Sport treibt, weiß, dass es nicht immer schneller, höher und weiter geht, sondern es Phasen vermeintlichen Stillstands gibt (Plateauphase). Da geht nix vorwärts. Gar nichts. Schrecklicher Zustand. Schuld ist die Homöostase, das physiologische Streben eines Organismus und seiner einzelnen Organe nach einem Gleichgewichtszustand. Unser Körper sucht immer einen Ausgleich und passt sich ans Training, an die Reize auf Nerven und Muskulatur an. Klar, dass es daher Pausen und Stagnation statt linearer Leistungssteigerung gibt. Vergleichbar ist diese Phase mit dem Moment, wo ein Schmetterling auf einer Blüte sitzt, Nektar schlürft und die Zeit für eine Winzigkeit stillzustehen scheint. Die Kunst besteht für uns Menschen darin, diese Augenblicke nicht nur auszuhalten, sondern zu genießen und sich darauf zu verlassen, dass es auch wieder besser wird. Also nicht in Aktionismus zu verfallen, sondern eher das Programm zurückfahren, innehalten, Batterien aufladen und Tankstellen suchen. Dehnen, Recken und Strecken statt einen Marathonlauf zu absolvieren. Und bloß nicht mit anderen vergleichen, das tut weder

Körper noch Seele gut. Aufmerksam sein für die eigenen Bedürfnisse heißt die Devise.

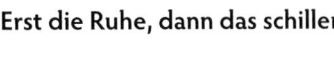

Erst die Ruhe, dann das schillernde Leben

Waren Sie schon einmal in Asien und haben Tempel in Laos, Myanmar, Vietnam, Kambodscha oder Thailand bestaunt? Der Königspalast in Bangkok etwa ist der absolute Wahnsinn. Ein touristisches Muss, wenn Sie dort sind! An vielen Stellen sind bunte Mosaike zu sehen, die teilweise mit schillernden Schmetterlingsflügeln dekoriert sind. Und genau das erreichen, was die Künstler wollten: die ganze Aufmerksamkeit des Betrachters einfangen und ihn staunen lassen. Je nach Lichteinfall und Standort entstehen neue Farben und Effekte. Bezaubernd. In der christlichen Kunst sind Schmetterlinge seit jeher ein Symbol der Auferstehung, sie zieren viele Grabmale und finden sich auch in ägyptischen Grabmalereien. In der griechischen und römischen Mythologie erscheint die Seele oft mit Schmetterlingsflügeln. Auf diese Weise kann sie sich vom Körper lösen und gen Himmel schweben. In der Antike galten Schmetterlinge als d a s Sinnbild von Wiedergeburt und Unsterblichkeit, weil sie nach monatelanger Ruhe in einem äußerlich reg- und leblosen Kokon plötzlich erwachen und lebendig werden.

Wie schön wäre es, wenn wir Monate lang ruhen könnten, uns zurückziehen, in der Regungslosigkeit verharren? Wenn wir ein Schild »Wegen Umbau geschlossen« raushängen könnten? Tolle Vorstellung. Ich habe zwar meist nicht mehrere Wochen am Stück frei, doch ich plane mir immer wieder Auszeiten ein. Tage, an denen weder Coaching-Klienten noch Kundengespräche im Terminkalender stehen und auch kein Seminarkonzept, kein Angebot meinen Computer verlässt. Zeit für mich, Zeit für mein Gehirn und meine Gedanken, die sich dann sortieren können. Und ich Dinge, Gespräche, Situationen verarbeiten und einen neutralen Blick gewinnen kann. Das klappt nur im Entspannungsmodus, in den Sommerferien und den Wochen rund um Weihnachten, jedoch nicht in den Hauptarbeitsphasen. Da jagt ein Termin den anderen, ein Seminar das nächste und Projekte wollen angestupst werden.

Ein Freund erzählte mir, dass er im Sommer mehrmals für einige Tage in die Berge fahre, um runterzukommen. Mit seiner Lebensgefährtin mietet er sich in kleinen Pensionen ein, isst gut, schwimmt in Weihern, wandert, erkundet die Gegend und lässt die Seele baumeln. »Und dann seh ich auch wieder klarer«, beschreibt Paul den Ausklink-Effekt. Mehr noch: Er trifft auch Entscheidungen. Etwa den Ausstieg aus einer Band, die der Gitarrist mitbegründet und gepusht hat, doch nach reiflichen Überlegungen und Überdenkungen als nicht zukunftsträchtig einstuft hat. »Da gehen zwei Pole nicht zusammen und viele Kleinigkeiten passen nicht«, lautet das nüchterne Urteil nach einem langen Wochenende in den bayerischen Voralpen. Ohne Groll und Gram berichtet Paul von seiner Entscheidung. Im Gegenteil: »Ich fühle mich jetzt erleichtert und kann ein neues Band-Projekt angehen bzw. ausbauen.«

Respekt gegenüber den Bandkollegen, dem Chef, dem Kunden oder der Nachbarin – auch wenn sie noch so nerven. Nur wer bei sich ist, in einer neutralen Position, ist in der Lage, seine Mitmenschen in allen Facetten zu sehen und sich nicht sofort ein Urteil zu bilden und den anderen zu bewerten und in eine Schublade zu stecken. Die Fähigkeiten, Kompetenzen und das Positive anzuerkennen, ist keine einfache Sache. Doch es ist ungemein hilfreich, schont Kraft und Energie und macht das Leben leichter.

Kleiner Flügelschlag, großer Effekt

Vor über 40 Jahren, nämlich 1972, beflügelte ein US-Amerikaner die Erforschung chaotischer Systeme: Edward N. Lorenz fasste sein keckes Gedankenspiel in die Frage: »Kann der Flügelschlag eines Schmetterlings in Brasilien einen Tornado in Texas auslösen?« Der Meteorologe wollte am Beispiel des Wetters zeigen, dass kleine Abweichungen langfristig ein ganzes System vollständig und unvorhersagbar verändern können. Seither bezeichnet der Schmetterlingseffekt (*butterfly effect*) folgendes Szenario: Verändert man in einem komplexen, dynamischen System die Anfangsbedingungen nur geringfügig, können diese im langfristigen Verlauf zu einer völlig anderen Entwicklung führen. Konkret heißt das: Kleine Unterschiede in der Ausgangssituation führen mögli-

cherweise später zu starken Änderungen in einem System. Oder
ganz einfach, populärwissenschaftlich ausgedrückt: kleine Ursache,
große Wirkung.

Auf das Wetter übertragen bedeutet dies: Meteorologen können das Wetter für einen Tag mit Hilfe von zigtausend Werten aus
Satellitendaten, Wetterstationen und leistungsstarken Computern
inzwischen sehr genau vorhersagen. Auch für drei, vier Tage schaffen
sie noch eine recht zuverlässige Trefferquote, doch für einen Monat
ist eine Prognose so sicher wie der Blick in eine Kristallkugel. Weil
eben die Anfangsbedingungen so unterschiedlich sind wie die Wol-
kenformationen am Himmel. Das musste auch der »Erfinder« des
Schmetterlings-Effekts akzeptieren: Weder Lorenz noch sonst ein
menschliches Wesen weiß, wie viele Schmetterlinge es auf der Welt
gibt, geschweige denn, welche wo genau mit den Flügeln schlagen
oder regungslos auf einer Blüte sitzen und genüsslich Nektar schlür-
fen.

Im Coaching ist der Schmetterlings-Effekt schön zu beobachten:
Ein Satz, eine Idee, ein Gedanke oder ein anderer Blickwinkel reicht
oft aus, um beim Klienten etwas zu bewegen und neuen Schwung
in eingefahrene Verhaltensmuster zu bringen. Und den Blick auf
Lösungen und Handlungsvarianten zu lenken, die vorher unmöglich,
undenkbar erschienen. Sascha Stiefel, rechte Hand eines Bürgermeisters in einer bayerischen Kleinstadt, wollte zu Beginn seiner neuen
Tätigkeit schnell einen Überblick bekommen und erledigte daher
viele Kleinigkeiten selbst. Da ein Anruf, dort eine kleine Notiz und
dann noch kurz den ausfindig machen, der die Vertretung von Frau
Müller macht. »Das geht ganz gut nebenbei«, erklärte er mir, »und
außerdem schneller, als wenn ich es an meine Sekretärin weiterleite.
Die hat eh so viel zu tun.« Einige Wochen funktionierte diese Strategie gut, doch immer öfter bemerkte Stiefel, dass er Überstunden
machen musste, um seine Hauptaufgaben zu erledigen wie etwa
eine Rede für seinen Chef, den Bürgermeister zu schreiben. Er kam
immer öfter zeitlich in die Bredouille und daher irgendwann zu mir
ins Coaching. Allein kam er aus diesem Wirrwarr nicht mehr heraus.
Hilfe von außen war angesagt. Allein das zu akzeptieren, war für
Sascha Stiefel schon ein großer Schritt hin zu einer Veränderung, zu
einer Lösung und Verbesserung.

Wir analysierten seine Situation, seine Aufgaben, die Abläufe in der Abteilung und natürlich auch verschiedene Möglichkeiten, die ihn entlasten könnten. Der Satz von mir »Schnell ist schnell gedacht und zieht dann aber einen Rattenschwanz hinter sich her«, brachte den sympathischen Mann Anfang 30 ins Grübeln. Er hatte zwei Dinge vergessen bzw. einfach seine gut gemeinten Gedanken nicht zu Ende gedacht: Einmal hätte er die tatsächlich anfallenden Zeiten, auch wenn es nur wenige Minuten pro Kleinigkeit waren, zusammenzählen müssen. Da kommt dann nämlich am Ende des Tages einiges zusammen. Und zweitens hatte er nicht bedacht, dass er, wenn er seiner Sekretärin einmal eine Aufgabe erläutert hatte, sich das künftig sparen konnte, um nur noch die Aufgabe weiterzureichen. Delegieren heißt das Zauberwort. »Ja, aber das kostet mich doch auch Zeit!«, versuchte er dagegen zu argumentieren. Stimmt. Aber eben nur einmal und nicht ständig. »So hab ich das noch gar nicht gesehen. Hmm, das werde ich dann wohl mal angehen müssen.«

Sensibel, aber dennoch hart im Nehmen

Weltweit gibt es schätzungsweise 180.000 Arten von Schmetterlingen. Biologen haben sie aufgeteilt in 130 Familien und 44 Überfamilien. Etwa 3700 Schmetterlingsarten leben in Deutschland, die meisten davon sind Nachtfalter. Inzwischen sind viele Arten vom Aussterben bedroht. Die Überlebens- und Umgebungsbedingungen haben sich für die filigranen und sensiblen Wesen verschlechtert. So bedroht etwa Lichtverschmutzung die Nachtfalter. Zudem mangelt es den Pflanzenfressern teilweise an artgerechter Nahrung und Rückzugsräumen durch Trockenlegung von Feuchtgebieten, Intensivierung der landwirtschaftlichen Nutzflächen oder Einsatz von Pestiziden. Diese vernichten Futterpflanzen und Nektarquellen. Schmetterlinge sind nämlich richtige Feinschmecker: Sie haben ganz spezielle Ansprüche an ihre Nahrungspflanzen, deren Wachstum an Vegetationsperioden und spezielle Böden gebunden sind. Doch trotz der widrigen Umgebungsbedingungen flattern die sensiblen Wesen durch die Lüfte und lassen sich nicht unterkriegen.

Genau wie der Österreicher Andreas Holzer, geboren 1966 im österreichischen Lienz. »Mir hat das Leben Rahmenbedingungen

gegeben, mit denen ich einpacken könnte«, sagte er in einem Interview mit der Welt (3. Juni 2016). Denn Holzer ist von Geburt an
blind, arbeitet jedoch seit 2010 als Motivationsredner, Testimonial
und Profibergsteiger. Ja, Holzner ist Profibergsteiger, obwohl er noch
nie einen Berg gesehen hat. Als Kind hat der Buchautor (»Balanceakt. Blind auf die Gipfel der Welt«) seine Eltern gebeten, nirgends
zu erzählen, dass er blind ist. Warum? »Das hätte mich einfach ge-
bremst.« Ein Bekannter hatte sich damals getraut, den Jungen mit
in die Südtiroler Dolomiten zu nehmen und ihn ans Bergsteigen
heranzuführen. Inzwischen verdient er mit seinem früheren Hobby
Geld. Er hat, man könnte das salopp vielleicht so sagen, das Beste
aus seiner Lage gemacht und sogar sein Geschäftsmodell darauf gegründet. »Ich habe meine Rahmenbedingungen so umgemodelt, dass
ich derzeit ohne sie nicht arbeiten kann«, erklärt der Heilmasseur,
der jahrelang in diesem Beruf gearbeitet hat. Manch andere hätten
sich das nicht getraut, das Risiko Profisportler gescheut und mit der
Situation gehadert. Oder eben wie Holzer das Positive im Handicap gesucht und sich daran orientiert. Am 21. Mail 2017 erreichte
der Osttiroler als erster blinder Bergsteiger auf der Mallory-Route
(Nordseite) den Mount Everest.

  Von solchen Menschen kann man einiges lernen. Sie als Modell,
als Vorbild nehmen. Holzer hat sich was getraut und für sich selbst
und sein Glück Verantwortung übernommen. Während andere sich
mit dem gleichen Handicap sicher nicht ans Bergsteigen gewagt hätten, sondern die sicherere Variante wählen würden – etwa Tandem-
Radfahren. Alles hat eben verschiedene Aspekte, verschiedene Seiten
und auch seinen Preis.

  Kennen Sie auch Menschen, wo Sie von der ersten Minute an
gespürt haben, dass die Chemie stimmt und Sie stundenlang reden,
diskutieren und lachen können? Und andere Menschen, die auf Sie
erst einmal einschüchternd, vielleicht sogar bedrohlich wirken und
Sie nicht genau wissen, warum Sie so empfinden und Sie sich so
klein fühlen? Mir erging es so mit einigen großen Namen aus der
Trainer- und Coachszene. Wo ich erst dachte, upps, da bin ich wohl
in der falschen Liga gelandet. Später habe ich dann meine Analyse-
brille aufgesetzt und mir aus der Adlerperspektive angeschaut, was
die Kollegen genau machen und wie sie strategisch vorgehen. Sehr

interessant und lehrreich. Ich habe mir einige Dinge bei den Kolleginnen abgeschaut, die mir gefallen haben und sie für meine berufliche Situation umgemodelt und weiterentwickelt. Das gelingt, wenn man sich nicht ins Bockshorn jagen lässt, sondern ohne Vorurteile, »Schubladendenken« und vorschnelle Einschätzungen Menschen und Dinge betrachtet. Mal die Perspektive wechselt.

(*ÜBUNG*)   Anderer Blick, neue Erkenntnisse

Ein kleines Experiment hilft Ihnen, die Perspektive zu wechseln und neue Erkenntnisse zu gewinnen: Stellen Sie doch Ihre Lieblingstasse auf einen Hocker und drehen Sie eine Runde um den Hocker. Schritt für Schritt. Was stellen sie fest? Genau: Je nachdem, wo Sie stehen und aus welchem Winkel Sie auf die Tasse schauen, ändert auch die Tasse ihr Aussehen. Und Sie gewinnen ungewöhnliche An- und Draufsichten. Ein Hinweis: Beschreiben Sie immer nur exakt das, was Sie sehen! Etwa »Nur noch oberer Rand des Henkels ist sichtbar«, »Henkel ist zu einem weißem Rechteck geworden« oder »Blumenmuster unsichtbar«. Wenn Sie denken, »das sieht jetzt aber komisch aus« oder »diese Seite mit dem Sprung gefällt mir nicht«, sind Sie vom beschreibenden Modus in eine bewertende Haltung gewechselt. Konzentrieren Sie sich dann noch einmal und beschreiben Sie stattdessen lediglich, was Sie sehen. Als neutraler Beobachter. Diese Rolle ist besonders wichtig, wenn wir uns später unseren Mitmenschen zuwenden und einen Blick in deren Kokons werfen.

Offen bleiben, Überleben sichern

Schmetterlinge gibt es seit rund 135 Millionen Jahren. In der Zeit haben sie sich zu wahren Überlebenskünstlern gemausert: So leben bei uns in Mitteleuropa Raupen von Bläulingen in Symbiose mit Ameisen und machen sich so das Leben gegenseitig leichter. Die Schmetterlingsraupen spenden den Ameisen Nektar, während die Ameisen wiederum als eine Art Abwehrtruppe fungieren und die Raupen vor ihren größten Feinden, den Brackwespen und

Raupenfliegen, schützen. Auf Eichen, Pappeln oder Weiden, also auf ihren Nahrungspflanzen, tummeln sich manchmal Raupen von über 100 Arten. Manche Pflanzenarten können nur von Schmetterlingen bestäubt werden, weil nur sie so einen langen Saugrüssel haben, der in die tiefen Blütenkelche reicht. Apropos Nahrung: Nur Flüssiges wie Blütennektar, Pflanzensäfte, Honigtau von Läusen, Tränenflüssigkeit oder Blut von Säugetieren und Menschen können Schmetterlinge mit ihrem Saugrohr aufnehmen. Ja, Sie haben richtig gelesen, Blut vom Menschen. Doch das können nur subtropische Arten wie der Eulenfalter. Bei uns können die Vampire unter den Schmetterlingen nicht leben, es ist einfach zu kalt und ungemütlich.

Weil die Umweltbedingungen teilweise so widerwärtig sind und es in manchen Gegenden kein Wasser gibt, haben manche Schmetterlinge ungewöhnliche Trinkgewohnheiten entwickelt: Einige Falter in Brasilien, Ostasien und Afrika trinken Tränenflüssigkeit von Schildkröten oder Krokodilen, um ihren Flüssigkeitsbedarf zu decken. Wie die Tiere, so die Menschen: Auch Völker, die in Wüstengegenden in Afrika oder Australien leben, wissen, wie man einen Kaktus anschneiden muss, um ein paar Tropfen Saft zu gewinnen oder bei welchen Pflanzen man graben muss, um an Wasser zu gelangen.

Auch was die Nahrung anbelangt, haben sich die Fluginsekten spezialisiert: Die einen lieben Orchideennektar, und die Yuccamotte, wie der Name schon sagt, bevorzugt Yuccapflanzen. Bienenwaben aussaugen kann der darauf spezialisierte Totenkopfschwärmer, und manche Falter ernähren sich ausschließlich von Tierexkrementen, Urin oder Schweiß. Sie ernähren sich eben von dem, was verfügbar ist, um zu überleben. Mit ihren Fühlern – vergleichbar mit der menschlichen Nase – können sie riechen, schmecken, tasten und Temperaturen erspüren. Extrem sensibel reagieren die Insekten auf Bewegungen. Daher eignen sie sich nicht als Streicheltiere, und wer das Glück hat, einen Schmetterling auf seinem Arm zu haben, sollte ganz ruhig sitzen bleiben, die Luft anhalten und den Moment genießen.

Manchmal leichter gesagt als getan. Vor allem in Zeiten, wo man das Gefühl hat, die Welt dreht sich schneller und man ständig damit beschäftigt ist, irgendwelchen Dingen oder Zielen hinterherzuhecheln. Perfekter zu werden, schneller und leistungsfähiger. Da ist schon eine gehörige Portion Stärke oder seelische Widerstandskraft gefragt (Resilienz oder die Toleranz eines Systems gegenüber Störungen), um auf dem eigenen Weg zu bleiben. Dennoch benötigen Menschen zugleich eine gewisse Aufgeschlossenheit für neue Dinge, Pläne oder Wege. Verschiedene Studien haben gezeigt, dass Leute, die offen sind für Neues und nicht an Bewährtem kleben bleiben, leichter durchs Leben kommen. Sie switchen – wenn Plan A, warum auch immer, nicht funktioniert – auf Plan B um. Ihre optimistische Einstellung lautet: Es gibt immer eine Lösung! Der Postkarten-Spruch »Umwege fördern die Ortskenntnis« bringt diese Flexibilität und Offenheit auf den Punkt.

In jeder Stellenanzeige werden von Bewerberinnen diese Eigenschaften gefordert. Auch wenn meist nicht näher umrissen wird, was genau darunter zu verstehen ist. Erwartet der neue Chef, dass Sie sich schnell in neue Themengebiete und Aufgaben einarbeiten können? Oder wird das Unternehmen gerade umstrukturiert, Abteilungen neu aufgeteilt und damit auch die Zuständigkeiten sowie Vorgesetzte? Es könnte aber auch sein, dass Flexibilität meint, dass sich die Angestellten ihr Büro nicht mit zwei oder drei Kollegen teilen, sondern im Großraumbüro sitzen mit 50 anderen. Das spart nicht nur Platz, sondern senkt auch die Fixkosten. Dank des technologischen Fortschritts sind feste Büroarbeitsplätze nicht mehr zwingend notwendig: Arbeiten ist mit der richtigen und sicheren Computertechnik problemlos im Homeoffice, im Café, im Park, am See, im Zug oder am Flughafen möglich. Besonders jüngere Arbeitnehmer oder Eltern mit kleinen Kindern sind an solchen modernen Lösungen interessiert.

Die Konsequenz daraus: Immer mehr Firmen sparen an der Zahl der Büros und Arbeitsplätze. Willkommen neue Arbeitswelt! Man teilt sich also nicht nur das Zimmer mit bekannten und fremden Kollegen, sondern auch noch den Schreibtisch. Konkret bedeutet dies, dass morgens die Suche nach einem freien Platz beginnt und abends die Platte wieder leer sein muss – für den nächsten Morgen und den nächsten Schreibtischsuchenden. Also heißt es nach getaner Arbeit, sein gesamtes Zeug einpacken, im Schrank verstauen oder mit nach Hause nehmen. Mit dem Programm »Clean Desk« kommen viele Arbeitnehmer nicht zurecht. Als Gewohnheitsmenschen mit festen Ritualen und Abläufen sollen sie jetzt plötzlich täglich

Arbeitsplatz-Flexibilität beweisen. Mehr noch: Es gibt keine ange-
stammten Territorien mehr und damit fehlt auch der Platz für die
allseits beliebten und gängigen Büroaccessoires, die individuelle Ge-
staltung des Arbeitsplatzes. Denn wohin mit Pflanzen, Lieblingstasse,
Wandkalender, Kaffeemaschine und Fotos von den Liebsten?

Doch es gibt auch gute Nachrichten: Manche Arbeitgeber haben
Verständnis für ihre Angestellten und lassen sie beim Dekorieren
walten und gestalten. Etwa die Stadt München. Die Wartezeit im
Großraum-Bürgerbüro beim Buchstaben S bis W lässt sich wunderbar
überbrücken mit der Analyse von Postkarten, vergilbten Postern,
Post-its am Computer, Motiven der Kaffeetassen, Pflanzen, Plüsch-
tieren und Nippes aller Art. Da ist geschmackliche Flexibilität gefragt!
Freiberuflerinnen und Selbstständige haben es in dieser Hinsicht gut:
Sie können ihren Arbeitsplatz einrichten, gestalten wie sie wollen und
so oft neu und den aktuellen Trends bzw. Jahreszeiten entsprechend
dekorieren und verändern, wie ihnen der Sinn danach steht.

Strategen mit ausgeklügelten Sinnen

Um Kraft und Energie zu sparen, lassen sich Schmetterlinge vom Wind tragen. Sie sind deshalb ausdauernde
Flieger, die Wanderfalter etwa legen lange Strecken zurück. In unseren Regionen fliegen Distelfalter, Taubenschwänzchen und Admiral
locker mal über die Alpen von ihren Winterquartieren in Nordafrika
in hiesige Gefilde und zurück. In den Alpen ansässig – und zwar
in Höhen bis zu 3000 Meter – sind der Matterhornbär und der
Gletscherfalter. Bestes Flugwetter für Falter: sonnig und trocken.
Denn ihr Sehsinn ist nicht so dolle ausgeprägt. Schmetterlinge
sind kurzsichtig und mit ihren Facettenaugen, die aus Tausenden
Einzelaugen bestehen, sehen sie sehr pixelig. Einen einigermaßen
scharfen Blick haben Falter nur auf drei bis maximal fünf Meter. Ein
200 Meter entferntes Ziel – wie etwa eine Blüte – können sie jedoch
problemlos ansteuern. Ihre Nase, die sogar einzelne Duftmoleküle
erkennt, hilft beim Aufspüren von Nektarquellen. Der Totenkopfschwärmer beherrscht sogar noch ein weiteres Kunststück: Aufgrund
eines Mechanismus in der Mundhöhle kann er pfeifende Geräusche
machen. Und seine Artgenossen können das auch hören – obwohl

sie keine Ohren haben, sondern eine mit einer Membran überzogene Grube, die ähnlich funktioniert wie unser Trommelfell. Während wir Menschen mit unseren Geschmackszellen auf der Zunge süß, salzig, bitter, sauer und umami schmecken, finden sich die Geschmackszellen bei den Schmetterlingen an den Beinen. Damit finden sie die richtigen Futterpflanzen. Faszinierend, solch ausgeklügelten Sinnesorgane, oder?

Wir Menschen haben fünf Sinne, die schon der griechische Philosoph Aristoteles (384 bis 322 v. Chr.) beschrieben hat und die im Alltag klassischerweise unterschieden werden: Sehen, Hören, Riechen, Schmecken und Fühlen bzw. Tasten. Und auch der sechste Sinn, die Intuition gehört dazu. Obwohl dieser Sinn oft vergessen wird und wir ihm im Allgemeinen keine große Bedeutung zumessen. Ich selbst beispielsweise bin ein sehr visueller Typ. Das weiß ich und dementsprechend verhalte ich mich. Weil viele Mitmenschen ebenfalls den Sehsinn bevorzugen, nutze ich bei der Erstellung von Flipcharts und Arbeitsblättern verschiedene Farben und achte auf eine klare Struktur. Sie sollen ein »Hingucker« für die Teilnehmer sein und im Gedächtnis haften bleiben. Meine Unterlagen sind in bunten Ordnern einsortiert, so dass ich nur einen Handgriff benötige. Bei meinen Outfits kombiniere ich natürlich die farblich passenden Schuhe zu Hose, Rock und Bluse sowie Handtasche, Ringe, Armbänder, Uhr und Ohrringe inklusive. Meine Nichten und Neffen nennen mich daher »Klunkertante«.

Was mir im visuellen Bereich gut gelingt, ist in punkto Intuition noch ausbaubar. Vielleicht kennen Sie die winzigen Momente, in denen Ihnen Ihr Bauchgefühl einen kleinen, dezenten Hinweis gibt – wie bei Facebook, Daumen rauf oder Daumen runter. Ich erinnere mich gut an die Anfangszeiten meiner Selbstständigkeit. Ich hatte nicht so viele Aufträge und eine Kollegin empfahl mir, bei einer Freundin von ihr anzurufen. Das habe ich natürlich sofort gemacht, denn eine Empfehlung ist die beste Visitenkarte. Schon beim ersten Telefonat mit der potenziellen Auftraggeberin hatte ich ein komisches Gefühl, irgendetwas ließ mich aufhorchen. Doch ich ignorierte die Bedenken meines Bauches, verdrängte sie oder hatte sie einfach vergessen. Anyway, jedenfalls nahm ich den Auftrag an. Die Texte für Kinderbücher waren zwar nicht super honoriert, doch

Kleinvieh macht auch Mist, sagte ich mir. Nicht dass die Honorare erst Wochen später und nach mehreren Erinnerungen bezahlt wurden, die Texte passten Frau Sommer überhaupt nicht. Auch nicht nach mehrmaligem Überarbeiten. Sie hatte immer etwas zu mäkeln, was sie mir bei einem Telefonat auftrug, war beim nächsten Anruf vergessen. Es war absolut ätzend. Ich schrieb zähneknirschend wie vereinbart 15 Texte und dann war Schluss. Dieser Auftrag hat mich so viel Zeit Energie und Nerven gekostet, dass ich mir geschworen habe, das passiert mir nie wieder!

Ist natürlich wieder passiert – meine Panik vor den roten Zahlen auf meinem Konto war größer als das Vertrauen auf mein Bauchgefühl. So saß ich ein halbes Jahr später wieder am Computer und quälte mich durch Texte, wo mich die Recherche, die Überarbeitung, die Telefonate mit dem zuständigen Redakteur an den Rand eines Nervenzusammenbruchs führten. Noch heute denke ich mit Grausen daran. Erschwerend kam dazu, dass der Redakteur bei dieser Agentur ein guter Freund war und ich natürlich nicht wollte, dass er ein schlechtes Bild von mir bekommt und meine journalistischen Fähigkeiten anzweifelt. Was mich natürlich nur noch mehr unter Druck gesetzt hat.

Diese Situationen waren echt übel. Doch ich habe daraus gelernt, höre seither besser auf meinen Bauch und sage Aufträge nicht mehr sofort zu. Ich mache eigentlich nur das, was mir meine Oma immer schon gesagt hat: »Mädle, schlaf erst eine Nacht drüber!« Seither bin ich mit dieser Strategie gut gefahren. Noch kein Kunde hat mir die gewünschte Bedenkzeit verwehrt. Auch wenn der eine oder andere Auftraggeber erst gemurrt hat, konnte ich ihn mit dem Argument überzeugen, dass es sinnvoll ist, mit etwas zeitlichem Abstand ein Projekt zu betrachten und erst dann zu entscheiden, wenn man ganz sicher ist, dass es passt. Für beide Seiten.

Andere Länder, andere Sitten

Fernreisen sind nicht jedermanns Sache. So weit fliegen, dann ist es heiß, es gibt komische Sachen zum Essen und die Sprache versteht man auch nicht. Viele Gründe sprechen dafür, im Urlaub an den Bodensee zu fahren statt nach Ägypten oder

Thailand. Ich hingegen reise gerne und freue mich immer auf neue
Länder, Menschen, Landschaften, Tempel, Sitten und Gebräuche.
Klar, ich bin neugierig, erforsche fremde Kulturen und liebe Tem-
peraturen über 30 Grad und probiere gern Dinge aus. Vergorene
Stutenmilch in der Mongolei ausgenommen!

Erstaunt war ich auf einer Reise nach Laos. In unserer Pension in
Luangprabang im Norden des Landes gab es nämlich eine Weberei
und einen Laden mit lauter Produkten aus Seide. Und wie entsteht
Seide? Genau. Aus dem Kokon von Seidenspinnern gewinnen die
Frauen in vielen Arbeitsschritten hauchdünne Fäden mit einer Länge
bis zu 500 Metern, die dann gefärbt, gesponnen und zu kuschelig-
flauschigen Schals verarbeitet werden. Unglaublich, wie flink die
Laotinnen sind und in welchem Affenzahn sie die Garnspindeln
durch die Fäden jagen und superkomplizierte Muster in allen Farben
zaubern. Falls Sie einmal Gelegenheit zum Besuch einer Weberei
haben, sollten Sie sie nutzen. Immer wenn ich meine laotische Stola
trage, freue ich mich und denke an die entspannte Zeit im Schau-
kelstuhl auf der Hotelveranda am Mekong.

Wenn Sie schon mal auf einem Markt in Thailand, Laos oder
Vietnam waren, haben Sie sicher auch Maden in unterschiedlichsten
Formen gesehen: lebend in Waben, frittiert, getrocknet oder gerös-
tet. Als Snack für zwischendurch oder als Eiweißlieferant sind sie in
Asien sehr beliebt. Frittiert schmecken sie gar nicht so schlecht. Als
Europäerin kann man das eklig finden oder sich um »die armen Tiere«
sorgen, wie es eine Seminarteilnehmerin ausgedrückt hat.

Wir haben unsere Gewohnheiten, unsere Bräuche und legen
diese Maßstäbe natürlich auch gerne auf Reisen an. Das Essen soll
so schmecken wie daheim, Fleischliebhaber wollen Schnitzel und
Würstel im Urlaub essen, Kuchenfans mögen nachmittags zum Kaffee Sahnetorte, und abends dürfen natürlich weder Prosecco noch
Weißbier zum Essen fehlen. Unbekannte Speisen ausprobieren? Muss
das sein? Ich weiß nicht, wie oft der Spruch »Was der Bauer nicht
kennt, frisst er nicht« zitiert wird in Restaurants.

Der Mensch ist eben ein Gewohnheitstier. Nicht nur beim Essen. Auch sonst haben wir Ansprüche. An uns und andere. Was uns
wichtig ist, versuchen wir zu bekommen oder uns entsprechend zu
verhalten. Wer Wert auf Pünktlichkeit legt, wartet nicht gerne auf

die Kollegen beim Meeting oder auf die Freundinnen im Kino.
Verlässlichkeit, Ehrlichkeit, Familie, Frieden, Harmonie, Vertrauen,
Kultur, Heimat – die Liste, was Menschen wirklich wichtig ist, ließe
sich noch lange fortschreiben. Unsere Werte sind die Basis für das
Handeln, sie fungieren wie Leuchttürme und geben die Richtung
vor. Und wenn da zwei »Leuchttürme« nicht zusammenpassen, gibt
es Unmut, Missverständnisse, Konflikte und Kriege. Werte sind
nicht verhandelbar. Den anderen so sein zu lassen, wie er ist und zu
verstehen, dass ihm teilweise ganz andere Dinge wichtig sind und er
völlig anders tickt als ich selbst, ist nicht ganz einfach. Oft zeigt sich
das bei Geburtstagen, Weihnachten oder der Urlaubsplanung: Hotel
oder Campingplatz, Strand oder Berge, fliegen oder Bahn fahren?
Wenn die schönsten Wochen des Jahres nicht so werden wie gedacht,
wird gerne mal dem anderen der Schwarze Peter zugeschoben. Der
Wertekompass zeigt eben nicht bei allen Menschen in die gleiche
Richtung.

In Seminaren zeigt sich das immer wieder. Bei einer Kleingrup-
penarbeit zum Thema Öffentlichkeitsarbeit in Lenggries konnte sich
Irmgard argumentativ gegen ihre beiden Kollegen nicht durchsetzen.
Irmgard beharrte auf ihrer Meinung, dass nur sie die Übung »Erstellung eines Kommunikationskonzeptes« richtig verstanden habe.
Weil sie sich nicht durchsetzen konnte und das Abstimmungser-
gebnis »zwei gegen eins« nicht akzeptierte, machte Irmgard bei der
anschließenden Präsentation nicht mit. Demonstrativ setzte sie sich
mit versteinerter Miene in die letzte Reihe und ließ Monika und
Klaus das Konzept präsentieren. Und verweigerte anschließend ein
Gespräch, um die angespannte Situation zu bereinigen. Irmgard
übernahm keine Verantwortung für ihr Verhalten, sondern beharrte
auf dem Standpunkt, die anderen seien schuld an der Misere. Damit
machte sie sich das Leben schwerer als nötig, stand sich im selbst im
Weg. Denn in den folgenden drei Seminartagen wurde sie immer
mehr zur Außenseiterin.

Wir Menschen haben ein sehr feines Gespür für atmosphärische
Spannungen, und besonders diejenigen, die sich um Harmonie und
Zusammenarbeit bemühen, leiden unter Menschen wie Irmgard, die
stoisch ihr Ding durchziehen, sich nicht in eine Gruppe integrieren
lassen und nicht akzeptieren, dass andere auch Ahnung haben und

sie selbst manchmal die schwächeren Argumente haben. Und sie dann eben demokratisch überstimmt werden. Eine eingeschränkte Sichtweise und weit entfernt von der Haltung: Es ist wie es ist. Irmgard-Typen versuchen am Gras zu ziehen, damit es schneller wächst, und erreichen oft das Gegenteil.

Bevor ich Ihnen das Mariposa-Prinzip für mehr Leichtigkeit im Leben in Kapitel 6 beschreibe, konzentrieren wir uns zunächst auf die Entwicklungsstadien von Schmetterlingen, auf die Metamorphose dieser Insekten. Auch unsere Entwicklung verläuft in Stadien, die alle ihre Zeit brauchen und die nötig sind, um dahin zu kommen, wo wir hinwollen. Und um das Mariposa-Prinzip zu verstehen und umsetzen zu können.

Also, wenn Sie ein Schmetterling werden wollen, blättern Sie um. Lesen Sie weiter.

2. Der Traum der Raupe

> »Wie wird man ein Schmetterling?«, fragte die Raupe.
> »Du musst so sehr fliegen wollen, dass du bereit
> bist, deine Existenz als Raupe aufzugeben«, sagte der
> Schmetterling.
> *(Trina Paulus)*

Kennen Sie »Die kleine Raupe Nimmersatt«? Ich kannte den Kinderklassiker nur vom Hörensagen. Erst als ich dieses Buch anfing zu schreiben, habe ich es mir gekauft. Es ist so bekannt und begehrt, dass ich es sogar in einer Buchhandlung auf dem Münchner Flughafen bekommen habe. Als ich das Bilderbuch von Eric Carle mit den dicken Seiten durchblätterte, wusste auch ich, warum es so beliebt ist: Es hat bunte, liebevoll gezeichnete Bilder und kurze, einfache Texte. Oft nur aus einem Satz bestehend.

Ich habe gleich das Kapitel, das dem Buch den Namen gab, aufgeschlagen. Denn ich war neugierig, wie die kleine Raupe Nimmersatt aussieht. Und vor allem wollte ich wissen, wie es ihr nach dem Schlüpfen geht, »als an einem schönen Sonntagmorgen die Sonne aufging, hell und warm«. Gut, doch sie ist hungrig. Sehr hungrig. Nein, gefräßig. Eine Woche lang frisst sich die kleine Raupe Nimmersatt durch verschiedene Obstsorten und sogar durch eine Eiswaffel, eine saure Gurke, einen Lolli und ein Würstchen. Dann ist sie satt, groß und dick.

Genauso machen es die lebenden Raupen in der Natur. In der Raupenphase beschäftigen sich die Schmetterlinge in spe eigentlich nur mit einer Sache: fressen. Das machen Raupen evolutionsbedingt, ihr biologisches Programm ist rein auf Fressen und Wachsen eingestellt. Nach dem Schlüpfen stehen Blätter, Tannennadeln, Blüten, Samen oder Früchte auf dem Speiseplan. Manche bevorzugen organische Abfälle, Algen und Flechten. Was passiert, wenn man den ganzen Tag nur isst? Genau, man nimmt unheimlich zu, die alten Klamotten passen nicht mehr. Während wir Menschen dann neue Kleider, Röcke, Hosen und Hemden kaufen, häuten sich die Raupen. Meistens vier bis fünf Mal. Dabei platzt die alte Haut auf und die Raupen pressen sich praktisch aus ihrer alten Körperhülle heraus.

Clever: Raupen lassen sich von Ameisen massieren

Zu einem großen Teil besteht die Raupenhaut aus Chitin – wie der Panzer von anderen Insekten oder von Krebsen. Weil sie so hart ist und sich den immer fetter werdenden Raupen nicht anpassen kann, platzt die Haut und fällt ab. Darunter ist schon neue Haut – wie bei uns Menschen, wenn wir einen Sonnenbrand hatten, bröselt die obere Hautschicht ab und darunter kommt eine neue Schicht zutage. So wohlgenährte Schmetterlingsraupen sind natürlich ein Leckerbissen für Vögel. Um nicht gefressen zu werden, haben sie ausgeklügelte Abwehrvarianten entwickelt (siehe Kapitel 1 »Mariposa oder Faszination Schmetterling«).

Manchmal leben Schmetterlingsraupen auch in »Wohngemeinschaften« mit Ameisen, also in Symbiose. Und zwar locken die Bläulings-Raupen Ameisen an, indem sie am Rücken eine zuckerhaltige Flüssigkeit aussondern. Ameisen mögen diese Süßspeise so sehr, dass sie die Produktion sogar noch anregen, indem sie mit ihren Füßen den Raupenrücken »massieren«. Im Gegenzug schützen die Ameisen die Raupen vor ihren Fressfeinden wie Brackwespen und Raupenfliegen (siehe auch »Acht Eigenschaften von Schmetterlingen« in Kapitel 1). Einige Arten leben wie Menschenkinder in einer Familie – etwa die Raupen des Prozessionsspinners (Thaumetopoeidae). Weil sie gemeinsam, in langen »Prozessionen« zu ihren Fressplätzen robben, leiteten Biologen von dieser Bewegungscharakteristik den Namen dieser Schmetterlingsart ab. In dieser Schlangen-Formation sind sie vor Vögeln geschützt, da sie nicht als Nahrung erkannt werden. Mimikry, Sie erinnern sich? Und wehe, wenn so eine Prozession ihr »Restaurant« erreicht. Da bleibt kein Blatt übrig an Eichen, keine Nadel an Pinien oder Kiefern.

Lust auf Neues und Abenteuer

Auch Kinder und Jugendliche haben ständig Hunger – zumindest ist das bei meinen Nichten und Neffen so. Während ich dreimal am Tag esse – morgens, mittags und abends – allein schon um übermäßiges Hüftgold und kneifende Jeans zu vermeiden – benötige ich für meine Gäste noch Zwischenmahlzeiten wie Pommes, Chips, Butterbrezeln, Kekse, Nusshörnchen und Schoko-Croissants. Eine weitere Art der Gefräßigkeit ist zudem bei den Teenies zu beobachten: Die Lust auf Neues, auf Unbekanntes. »Wollen wir eine Runde Bullcart fahren?«, bot ich meiner Nichte und ihrer Freundin bei einem Ausflug in die Bayerischen Alpen an. »Na klar, das machen wir!« Einige Sekunden später fragten die Schülerinnen: »Was ist das überhaupt, Heidi, Bullcart?« Bullcarts sind eine Art Go-Kart auf drei Rädern mit hydraulischen Scheibenbremsen und großen Reifen. In Lenggries lassen sich abenteuerliebende Teens und Twens erst mit dem Lift hochziehen und düsen dann die Schotterpiste mit den Bullcarts hinunter. Ein Heidenspaß, müssen Sie unbedingt mal ausprobieren!

Während bei Erwachsenen die Neugierde oft nur noch rudimentär ausgeprägt ist, sind die kleinen Menschen in dieser Hinsicht lauter Raupen Nimmersatt. Haben Sie einen Sohn, eine Nichte oder einen Enkel? Dann kennen Sie die neugierigen Warum-Fragen, die einem manchmal den letzten Nerv rauben. »Warum fährt die U-Bahn jetzt los?« oder »Warum hat der Tiger so Streifen?« Kaum ist eine Frage beantwortet, kommt schon das nächste »Warum?«. Es ist ganz schön anstrengend, Fragen zu beantworten, über die man sich schon lange keine Gedanken mehr gemacht hat oder noch nie. Und dann soll man auch noch die Antworten einfach und verständlich formulieren, so dass sie die Kinder verstehen – wie bei der *Sendung mit der Maus*.

Manchmal kann bei der Warum-Fragerei das Gefühl aufkommen, dass Kinder die Antwort nicht verstehen wollen, um auf ihre Art die Kompetenz oder Autorität des Erwachsenen zu untergraben. Doch die Großen sollten stattdessen diese Fragen lieber als Impuls nutzen, zum Gas-raus-Nehmen, zum Hinsetzen und Nachdenken über die Warum-Frage. Das gibt einen neuen Blick auf Dinge und macht Spaß, sich in die Kindheit zurückzuversetzen. In die Zeit, wo man selbst dauernd gefragt hat. Um sich die Welt zu erschließen und die ersten Schritte auf seinem Weg zu gehen. Kinder ticken einfach so, das Fragen, Fragen, Fragen ist genetisch festgelegt, wie auch Raupen evolutionsbedingt einfach nur fressen, fressen, fressen und den Hals nicht voll genug bekommen können.

Was kann mit Kindern passieren, die neugierige Fragen en masse stellen und ihre Umwelt damit nerven? In der Frauenzeitschrift »Brigitte« (23/2015) habe ich ein Interview mit der Autorin von »Hochbegabt oder hochsensibel«, Manon Garcia (48), gelesen und konnte mich sehr gut in sie hineinversetzen.»Ich war als Kind sehr verzweifelt, weil ich fast nie Lob und Anerkennung bekam, sondern ständig kritisiert wurde. Aber ich war schlau genug, um zu kapieren, was die anderen sich von mir wünschten.« Garcia änderte bereits in der Grundschule ihre Taktik und passte sich an: »Ich stellte nur noch kluge Fragen zur rechten Zeit und vertuschte meine Langeweile. Alle waren glücklich. Endlich war das Kind doch noch ruhiger geworden. (…) Ich tat eben, was man von mir erwartete, und versuchte irgendwie durchzukommen.« Ein Balanceakt, den Garcia auch im Bauingenieur-Studium ständig zu absolvieren hatte. Inzwischen hat sie sich mit ihrer Hochbegabung, also einem IQ über 130, und den daraus folgenden Konsequenzen arrangiert und unterstützt als Coach hochsensible Erwachsene. »Heute kann ich mich selbst lieben, stolz auf meine Fähigkeiten sein und sie nutzen. Aber das war ein langer Weg.«

Alles ist möglich:
Profifußballer, Popstar oder Onlineshop-Besitzerin

Während sich die Raupe Nimmersatt unermüdlich durch Äpfel, Birnen, Pflaumen und Erdbeeren frisst, machen Kinder und Jugendliche das auf ihre Art: Sie fragen, spielen, machen Experimente und probieren Dinge aus, bei denen Erwachsene grüne Punkte mit rosa Pusteln im Gesicht bekommen – vor lauter Angst. Eltern hätten zwar gerne, dass ihre Kinder ohne aufgeschürfte Knie, Beulen auf der Stirn und blutende Lippen älter werden, doch vermeiden können sie es nicht. Manche Erfahrungen sind nötig, um Referenzerfahrungen zu sammeln, und glücklicherweise heilen die kleinen Wehwehchen schnell.

Auch wenn die Kinder fast schon erwachsen sind, machen sich Mütter und Väter Gedanken um das Wohlergehen von Söhnen und Töchtern. Bei den Pfadfindern ist es beispielsweise üblich für 16-, 17-jährige Teenager, mehrere Tage in der Natur unterwegs zu sein. Klar ist es für Eltern befremdlich, wenn sich die Tochter oder deren Freundin trotz Smartphones zwei Tage lang nicht melden. Und dann nach drei Tagen Wanderung samt Übernachtungen im Freien freudestrahlend am vereinbarten Treffpunkt in Lenggries stehen. Der erste Satz: »Es war so toll und wir haben viele nette Leute kennen gelernt. Alles war perfekt, selbst das Wetter.« Bei solchen Exkursionen sammeln die »Pfadis« Wissen und Erfahrungen, erweitern die eigenen Fähigkeiten und Fertigkeiten, lernen Situationen einschätzen und werden selbstständig. Oder anders ausgedrückt: Mädchen und Jungen lernen fürs Leben.

Jüngere Kinder hingegen sind völlig unbeschwert und unbedarft: Sie denken noch nicht über die Konsequenzen ihres Handelns nach, kalkulieren keine Risiken, potentielle Gefahren und Hürden ein, sondern träumen davon, Profifußballer zu werden, Feuerwehrmann, Popstar, Zauberin oder Balletttänzerin. Alles ist für sie vorstellbar, und was andre Leute sagen, ist ihnen egal bzw. sie wissen einfach nicht, dass manche Ziele und Träume nicht so einfach in die Realität umzusetzen sind.

Whoopie Goldberg steht auf Mayas Schals

Wenn Maya Penn aus Atlanta (USA) gewusst hätte, dass eine achtjährige Grundschülerin üblicherweise keine Firma gründet, hätte sie es wohl auch nicht getan. Aber sie kam gar nicht auf die Idee, ihre Idee anzuzweifeln und inzwischen ist aus ihrer Handarbeits-Leidenschaft die Firma »Maya's Ideas« (www.mayasideas.com) geworden. 2012 erhielt die junge Unternehmerin für ihr soziales Engagement den »S.C.L.C. Women Award Youth Entrepreneur«, 2013 den »Black Enterprise Teenpreneur«-Preis und 2016 wurde ihr der »Black Girls Rock M.A.D. Girl« verliehen.

Wie alles angefangen hat? Maja wurde in der Schule von Klassenkameradinnen auf ihre selbst gemachten Hüte angesprochen, weil sie auch solche ausgefallenen Teile haben wollten.

Maja fragte ihre Eltern um Erlaubnis und legte los. Seither näht, strickt, färbt sie unentwegt, und ihre Produkte gehen weg wie warme Semmeln. Hüte, Schmuck, Kleider, Accessoires, T-Shirts und Taschen bestehen aus recycelten Materialien und sind mit Pflanzenfarben gefärbt. Inzwischen gehören Schauspielerin Whoopie Goldberg oder Samuel L. Jackson zu ihren Strickschal-Kunden.

Angefangen hat sie ganz klein – mit einer selbstgebauten Website. 2008 kam ein Online-Shop dazu, und Maya war damit die jüngste schwarze Internetunternehmerin der USA. Maya will andere Mädchen ermutigen, ihren Träumen zu folgen. Zehn bis zwanzig Prozent ihres Gewinns spendet sie daher an gemeinnützige Organisationen, insbesondere an solche, die sich für die Rechte von Mädchen stark machen. Das waren 2014 sage und schreibe 5000 Dollar. »Mein Vorteil war, dass ich mit Acht nicht wusste, welche Vorurteile es gegenüber Frauen gibt, speziell gegenüber Frauen mit dunkler Haut«, zitiert das Frauenmagazin »Brigitte« die Selfmade-Teenagerin. »Sonst hätte ich mich vieles nicht getraut.« Sie macht schwarzen Mädchen Mut und ist das Paradebeispiel ihrer eigenen Vision und Botschaft: Man kann alles schaffen, wenn man sich traut!

Mädchen und Frauen jeglichen Alters schreiben Maya ihre Ideen und Träume. Und den sofort aufblitzenden Bremsgedanken: »Dafür werde ich ausgelacht.« Ist natürlich Quatsch mit Soße, doch der hindert Frauen an der Umsetzung. Maya hat die Organisation »Mayas Ideas 4 The Planet« gegründet, und mit ihrem Kooperationspartner MedShare sammelt sie Spenden, um etwa wiederverwendbare Binden für Mädchen in Nepal und Kenia zu nähen. Sie helfen Mädchen, auch während ihrer Tage zur Schule zu gehen.

Wissen sammeln bringt unser Gehirn auf Trab

Auf dem Weg zur Frau durchlaufen Mädchen wie Maya vielerlei Phasen, in denen es um Wissenserwerb und Lernen in vielfältiger Weise (mental, sozial, kognitiv, motorisch, emotional) geht. Im Prinzip fängt ein Baby sofort nach der Geburt an, Wissen zu sammeln und sein Können, seine Fähigkeiten auszubauen. Es lernt: Trinken an Mutters Brust oder aus dem Fläschchen, Lachen, Greifen, Umdrehen, Krabbeln und Laufen. Dann folgen Kinderkrippe, Früherziehung, Kindergarten und Schule.

Wir Menschen haben in der Kindergarten- und Schulzeit unser erstes großes Raupenstadium. In diesen Zeitraum fallen die Warum-Fragen-Phase und die Experimente. Mädchen und Jungs sammeln Wissen, Daten und Fakten in verschiedenen Bereichen und über sich. Freiwillig, allein, beim Spielen mit Gleichaltrigen oder gelenkt durch Erzieherinnen und später durch Lehrer/innen.

Wissen ist vergleichbar mit einem Hirnschrittmacher! Es bringt unsere grauen Zellen auf Trab – so wie ein Herzschrittmacher den Herzschlag steuert. Allein die Namen der Schulfächer geben darüber einen Überblick: Mathematik, Lesen, Rechnen, Schreiben, Musik, Kunst, Sport, Religion, Englisch, Geschichte, Physik, Chemie und Sozialkunde. Das (auswendig) gelernte Wissen über Sachen, Personen und Jahreszahlen wird dann in mündlichen und schriftlichen Prüfungen abgefragt und benotet. In den Lehrplänen für die einzelnen Klassenstufen sind die Lernziele beschrieben, also was Kinder nach einem Schuljahr wissen müssen.

Doch was passiert, wenn ein Kind nicht die »normalen« altersgemäßen Leistungen bringt? Da beginnen dann manche kleinen Menschenraupen an sich zu zweifeln, wenn sie etwas nicht verstehen. Aus meiner Kindergartenzeit ist mir ein Erlebnis ziemlich dick in meine Erinnerungsscheibe eingebrannt: Immer um 16 Uhr wurden wir abgeholt. Oftmals gingen wir am Nachmittag spazieren mit unserer Erzieherin, mit Tante Frieda. Sie ging mit uns über den Friedhof von Grabenstetten, und kurz vor 16 Uhr standen wir da und warteten auf unsere Mütter. »Schaut nach oben auf den Kirchturm und die Uhr. Wenn der große Zeiger einen Hüpfer macht und sich bewegt, gehen wir nach Hause.« Alle schauten gebannt hinauf. Ich auch. Doch im Gegensatz zu den anderen Kindern sah ich den großen Zeiger nicht auf die Zwölf hüpfen. Ich kam mir ziemlich dumm vor, und es war mir peinlich, dass ich das nicht sah. Obwohl ich mich sehr anstrengte, auf den Zehenspitzen stand und meinen Kopf reckte. Ich hatte immer das Gefühl, etwas nicht zu können. Kurz nach meinem

40. Geburtstag fiel mir diese Episode wieder ein, und es überkam
mich auch prompt dieses doofe Gefühl. Unglaublich, oder? Es ließ
mir keine Ruhe, was damals passiert war, und so ging ich auf den
Friedhof. Und siehe da: Das Hüpfen des Zeigers war nur aus einer
bestimmten Position zu sehen! Da ich die Jüngste war und daher
die Letzte in der Zwei-und-Zwei-Kette, konnte ich das gar nicht
sehen. Das Kirchturmdach verdeckt die Uhr! Doch das Gefühl, etwas nicht zu sehen, also etwas nicht zu können, zu blöd zu sein und
daher auch nicht dazuzugehören, hatte sich bei mir eingebrannt wie
zu viel Sonne am Meer in die Haut. Noch schlimmer: Ich erinnere
mich, dass ich das damals der Kindergärtnerin sagte, »Wo hüpft der
Zeiger, Tante Frieda?« Doch sie sagte nur: »Schau halt genau hin!«
Hat nicht geholfen.

Ruckzuck ist der Traum der kleinen Raupe verflogen, wenn sie
zu hören bekommt: »Streng dich an!«, und es nutzt nichts. Denn
was folgt? Klar, die Aufgewecktheit, die Neugierde ist dahin und das
Mini-Selbstbewusstsein auch. Doch dazu später. Konzentrieren wir
uns weiterhin auf das Thema Lernen.

Seminarbesuche: Strafe oder Belohnung?

Die nächsten elementaren Raupenstadien finden sich bei Praktika,
bei der Berufsausbildung oder im Studium. Später dann im Beruf. Im
günstigsten Fall. Denn im Laufe der Jahre verlieren viele Erwachsene
die Lust am Lernen. In meinen Seminaren treffe ich immer wieder
auf Männer und Frauen, die von ihrem Vorgesetzten »geschickt«
werden und daher missmutig auf den Stühlen herumrutschen. Sie
empfinden eine Schulung zu Präsentation oder Stressmanagement als
Strafe und fragen sich anfangs: »Was soll ich hier?« Peu à peu gelingt
es mir meist, die Unfreiwilligen davon zu überzeugen, dass es ihre
Chefs gut mit ihnen meinen und ein Seminar auch als Belohnung,
Motivationsschub oder Baustein zur persönlichen Entwicklung
angesehen werden kann.

Das ist meine Ansicht, denn ich bin begeisterte Anhängerin von
»lebenslangem Lernen«. Sprich, wenn mich ein Thema interessiert
und ich den Titel eines Vortrags oder Workshops lese und mein

Bauch anfängt zu kribbeln, habe ich mich schon fast angemeldet. Ja, ich bin neugierig und finde es immer spannend, was es für Dinge, Methoden oder interessante Menschen gibt, von denen ich zuvor noch nie etwas gehört habe. Kennen Sie das?

Einige meiner Freundinnen und Kollegen gehen prinzipiell nicht zu Fortbildungen: »Ach, das ist ja so anstrengend« oder »zu teuer« oder »meist erfahre ich ja nichts Neues, ist eh immer dasselbe«. Klar, Argumente gibt es viele dagegen, nach der Arbeit noch seinen Hintern vom Sofa zu bewegen und einen Yogakurs oder ein Seminar zu »Provokativem Beraten« zu besuchen. Für mich ist das ein Vergnügen. Mein Credo: Ich lerne immer etwas! Das mindeste ist, dass ich nach einem Vortrag denke, »So mache ich es nicht in meinen Trainings oder Coachings, denn das ist zu einschläfernd.« Doch meistens nehme ich viel mehr mit, als ich vorher gedacht und mir gewünscht habe.

Verhalten ändern? Dann heißt es durchhalten!

Wir Menschen kommen mit einem ungeheuren Potenzial auf die Welt. Wie wir werden und ticken, das regeln unsere Erbanlagen und unser Umfeld. Und zwar das ganze Leben lang. Immer wieder durchlaufen wir dieselben Prozesse, entwickeln uns weiter. Bis ins hohe Alter können wir dazulernen, uns neue Verhaltensmuster aneignen und so auch im Gehirn neue Verbindungen anlegen, die Synapsen anders verschalten und gewohnte Nervenbahnen variieren. Zahlreiche Studien haben das gezeigt.

Das Verhalten wird von verschiedenen Faktoren gesteuert. Manche dieser Einflüsse liegen in uns (intern), manche kommen von außen (extern). Unsere Handlungen werden neben der Neugierde natürlich auch von unseren Erfahrungen und unserem Wissen gesteuert. Wenn ich beispielsweise weiß, was mir beim Essen guttut und was nicht, kann ich mich dementsprechend verhalten. Ich persönlich vertrage keine Kuhmilch, daher trinke ich Kaffee und Tee seit einiger Zeit ohne. Klar, das war anfangs komisch ohne Cappuccino, und ich musste mich erst mal an schwarzen Kaffee gewöhnen, doch inzwischen klappt es problemlos.

Was motivierte mich durchzuhalten? Ganz klar: mein internes, persönliches Ziel, künftig ohne Bauchgrimmen entspannt eine Tasse Kaffee zu genießen. Je öfter ich auf Milch verzichtete, desto besser ging es Magen und Darm. Ich habe also mein Wissen und meine Erfahrungen mit meinem anvisierten Ziel kombiniert und in die Tat umgesetzt. Man könnte sagen: Ich habe dazugelernt und eine meiner Gewohnheiten verändert. Nur ganz selten denke ich, soll ich ausnahmsweise doch mal einen Latte macchiato bestellen? Doch allein der Gedanke an Magengrummeln hält mich davon ab.

Auch die Raupe Nimmersatt hat einen Plan: Da sie ja ein Schmetterling werden möchte, muss sie ordentlich futtern. Also hat sie sich eine Woche lang durchgefressen. Fünf Tage standen Äpfel, Birnen, Pflaumen, Erdbeeren und Apfelsinen auf ihrem Speiseplan. Am Sonnabend jedoch gab es Würstchen, Schokoladenkuchen, Lolli, Eiswaffel und saure Gurke – nicht gerade das passende Futter für Raupen. Die Folge: Die Raupe Nimmersatt bekam Bauchschmerzen! Weil ihr das Menschen-Essen nicht gut bekam, verspeiste sie am Sonntag einfach wieder ein grünes Blatt. Und gleich ging es ihr viel besser. Sie hatte ihr Wissen und ihre Erfahrung praktisch umgesetzt. Sie hatte aus den unangenehmen Folgeerscheinungen gelernt.

Aufgepasst: Normen, Regeln und Fettnäpfchen

Apropos Konsequenzen: Egal, was wir tun und wie wir handeln, es hängt auch von externen Begebenheiten und Einflüssen ab. Von Vorgaben, Regeln, Normen und Gesetzen. Sie geben einen Handlungsrahmen vor, der uns einen Entscheidungsspielraum lässt und den wir nutzen können. Gleichzeitig sehen gesellschaftliche und juristische Normen auch Sanktionsmöglichkeiten vor. Wer sich nicht an Gesetze hält, wird bestraft. Mit einem Strafzettel beim Falschparken oder einer saftigen Geldstrafe samt Punkten beim Überfahren einer roten Ampel oder bei einer deutlichen Geschwindigkeitsübertretung. Nicht nur Paragrafen regeln das Verhalten, auch ungeschriebene Gesetze – wie ethische Normen und informelle Regeln – geben Richtlinien für das gemeinschaftliche Miteinander vor. Privat und beruflich.

Besonders Berufseinsteiger oder neue Mitarbeiter können im Business ungewollt und unbewusst in unzählige Fettnäpfchen treten. Eine junge Bildredakteurin einer großen Tageszeitung erzählte in einem von mir geleiteten Kommunikations-Workshop, dass sie einen deutlich älteren Kollegen mit »Du« angesprochen habe. »Ich habe gedacht, dass sich alle in der Redaktion duzen. Zumindest haben mich alle gleich geduzt.« Weit gefehlt: Veronika Zimmermann war die einzige, die mit dem altgedienten Kollegen aus dem Feuilleton per Du war! Das erklärte im Nachhinein auch das Naserümpfen ihres anfangs überraschten Gegenübers. Veronikas »Sonderstatus« zog weitere Irritationen nach sich. »Einige meiner Kolleginnen und Kollegen waren plötzlich neidisch und meinten, ich könnte mir deshalb mehr rausnehmen.«

Das führt uns zu folgenden Fragen: Was sollen wir tun? Wie sollen wir uns nach Meinung von Anderen verhalten? Besonders Eltern sagen gerne »Mach dieses oder jenes« und geben Ratschläge wie etwa »Genieße die Schulzeit, es wird nie wieder so schön!« oder »Werde Bankkauffrau, dann hast du was Sicheres statt auf die Schauspielschule zu gehen.« Haben Sie dabei auch Jugendliche vor Ihrem geistigen Auge, die nur noch genervt den Kopf schütteln und theatralisch die Augen verdrehen? Auch Freundinnen und Bekannte geben Ratschläge – gefragt und ungebeten. Ob wir sie annehmen oder ablehnen, entscheidet jeder für sich. Doch meistens nicht so logisch, durchdacht und unabhängig wie vermutet.

Bonuszahlungen verflüchtigen sich schnell

Gut gemeinte Ratschläge von Familie, Freunden, Vorgesetzten oder Netzwerk-Kontakten halten meist nur eine Zeitlang an. Wenn sie nicht mit unseren individuellen Bedürfnissen und Wünschen, Einstellungen und Ansichten übereinstimmen, fallen wir schnell wieder in alte Muster zurück. Hatten Sie vielleicht auch schon mal einen Vertrag mit dem Fitness-Studio um die Ecke? Und sind höchstens drei, vier Mal hingegangen, obwohl Sie wild entschlossen waren, etwas für die Figur und Ihre Gesundheit zu tun und Ihre Nachbarin von der tollen Sauna, den fetzigen Kursen und den freundlichen

Trainern in den höchsten Tönen geschwärmt hatte? Dann war of-
fensichtlich der bequeme Schweinehund, der mit dem bequemen
Sofa und dem spannenden Buch – wahlweise auch Film oder DVD
– argumentierte, stärker als der Wunsch nach strafferen Muskeln.
Der Vorsatz »abnehmen« oder »weniger Alkohol trinken« fällt oft
demselben Mechanismus zum Opfer. Wenn wir nicht dahinterstehen.
Wer Aerobic-Kurse oder Kurzhanteltraining doof findet, für den
sind sie weder Triebfeder noch Energiequelle. Sondern einfach nur
lästig – wie eine kreisende Schnake in der Nacht.

Im Business wurden und werden immer noch ausgeklügelte
Honorierungssysteme entwickelt, um die Angestellten bei Laune
zu halten, ihre Arbeitsleistung zu erhöhen. In vielen Firmen sind
die regelmäßigen Mitarbeiterjahresgespräche dennoch Vorgesetzten
und Mitarbeitern ein Dorn im Auge. Denn es geht ja schließlich
um die Bewertung der Arbeit, um Lob und Tadel, Kritik und um
Bonuszahlungen. Wer gut gearbeitet hat, wird belohnt, bekommt
mehr Geld, und wer die Vorgaben nicht erfüllt hat – warum auch
immer – geht leer aus. Pech gehabt. Inzwischen belegen einige Studien, dass mehr Gehalt die Motivation von Mitarbeitern nur eine
kurze Zeit ankurbelt, dann die Leistungsbereitschaft schnell wieder
abfällt: Nach drei Monaten ist die finanzielle Belobigung verflüchtigt.
Manche Chefs sind völlig irritiert, wenn ihre Mitarbeiter bald wieder
in den Alltagstrott verfallen und Dienst nach Vorschrift machen.
Was fehlt zur Zufriedenheit? Wertschätzung, Lob und Anerkennung.
Viele Führungskräfte verzichten darauf – bewusst oder unbewusst.
Ganz im Sinne eines schwäbischen Leitspruchs: »Net gschimpft isch
globt gnug!«

Wenn es schon kein Lob gibt vom Chef, stiege das Wohlbefinden
dennoch, wenn der Einzelne zumindest solche Aufgaben und Arbeitsbereiche hätte, die er gerne macht und deswegen morgens gerne
ins Büro geht. Wenn wir uns für eine Sache begeistern, benötigen
wir keinen zusätzlichen Ansporn oder Anreize von außen. Sondern
wir tun einfach das, was wir gerne tun (wollen). Ohne großartig
nachzudenken. Ohne die verschiedensten Vor- und Nachteile auf-
zulisten, gegeneinander abzuwägen und dann eine wohl durchdachte
Entscheidung zu treffen. Einfach nur um der Sache willen.

Selbstbild: statisch oder immer in Bewegung?

Bei Kindern ist das wunderbar zu beobachten: Stundenlang können sie sich mit Bauklötzen, Plastikfiguren, Burgen und Bauernhöfen oder mit Basteln beschäftigen. Wie Maya. Was treibt so ein Mädchen an, Hüte zu machen? Es macht ihr riesige Freude, sie kann ihre kreative Ader ausleben und freut sich nach getaner Arbeit über ihre Unikate, auf die Mitschülerinnen und Erwachsene gleichermaßen neidisch sind. Insbesondere Mütter, Väter, Lehrer und andere Bezugspersonen beeinflussen die Verhaltens- und Denkweisen von Kindern und Jugendlichen. Wie wir mit Kindern reden, unsere Wortwahl und unsere Sicht auf die Welt, hinterlässt einen bleibenden Eindruck. Wie unterschiedlich die Beeinflussung des Umfelds, deren bremsende oder fördernde Auswirkungen, auf die sich entwickelnde Persönlichkeit sein können, zeigen die Beispiele von Manon Garcia und Maya.

In der Theorie liest sich das folgendermaßen: Die US-amerikanische Psychologieprofessorin Dr. Carol Dweck unterscheidet zwischen »growth mindset« und »fixed mindset«. Dweck zufolge gehen Kinder mit einer fixierten, statischen Denkweise (fixed mindset) davon aus, dass Persönlichkeit, Kreativität und Intelligenz angeboren und daher unveränderbar sind. Egal, wie sehr sie sich anstrengen und bemühen! Daher gehen sie Herausforderungen aus dem Weg, stellen ihr Wissen und ihre Fähigkeiten nicht auf die Probe. Sie glauben, morgen seien sie immer noch dieselben Menschen wie heute. Unabhängig davon, was sie tun oder nicht tun. Diese Sichtweise nährt Ängste, Zweifel und die Haltung: »Ich kann nichts dafür. Daran sind die

Anderen schuld.« Wer ein eher statisches Selbstbild hat, übernimmt keine Verantwortung für das eigene Tun und die daraus folgenden Konsequenzen. Anstrengung und Wissensdurst passen nicht in dieses Konzept, Leistungssteigerung ist undenkbar. Wir sind eben so, wie wir sind.

Ganz anders agieren Kinder mit einem auf Wachstum angelegten Selbstbild (growth mindset): Sie sehen ihr Gehirn als einen form- und trainierbaren Muskel an, der mit der Zeit immer stärker und größer wird. Wer also eine dynamische Einschätzung von sich hat, glaubt, dass Lernen etwas bringt und positive Veränderungen möglich sind. Deshalb suchen solche Kinder Herausforderungen. Niederlagen oder Scheitern interpretieren sie als persönliche Wachstumschancen, entlang derer sie sich entwickeln können. Und das bleibt natürlich auch im Erwachsenenalter bestehen: Männer und Frauen mit einem dynamischen Selbstbild sind offen, flexibel, motiviert und wandlungsfähig. Funktioniert Plan A nicht, dann nehmen sie eben Plan B. Sätze wie »Das schaff ich schon noch« oder »es gibt sicher eine Lösung« gehören zu ihrem Repertoire. Dass sie neugierig sind, versteht sich von selbst.

Pippi Langstrumpf sieht nur halbvolle Gläser

Ich bin ganz froh, dass mir die Neugierde erhalten blieb – auch als Erwachsene. Denn ohne dieses »Naseweis-Sein«, wie es im Schwäbischen heißt, könnte ich heute meinen Beruf als Autorin, Coach und Trainerin nicht ausüben. Und als Journalistin wäre ich ohne Neugierde sowieso aufgeschmissen gewesen. Als Redakteurin bei Radio, Tageszeitung und Magazinen konnte ich immer viele Fragen stellen, ohne irgendwie blöd dazustehen. Recherchieren heißt das dann. Und es gilt die Formel: Es gibt keine blöden Fragen, nur blöde Antworten! Und um die Ecke denken ist erwünscht. Denn Journalisten sind immer auf der Suche nach neuen, ungewöhnlichen Geschichten und Menschen.

Ich bin ein Fan von Pippi Langstrumpf. In Seminaren zeige ich gerne Bilder von der Göre mit den roten abstehenden Zöpfen, mit Zahnlücke und Sommersprossen – und zwar im Zusammenhang mit der Frage: Wie blicke ich in die Welt? Habe ich eine eher pessimistische Haltung oder eine positive Lebenseinstellung? Ist das Glas halb leer oder halb voll?

Für Astrid Lindgrens Figur Pippi gibt es nur halbvolle Gläser! Sie sieht selbst in ausweglosen Situationen stets das Positive und pflegt einen ungewöhnlichen Lebensstil. Ihre Freunde Annika und Tommi hingegen sind stets darauf bedacht, brav zu sein und ja keine Regeln zu überschreiten. Klar, die beiden leben ja auch bei Mutter und Vater. Pippi – mit vollem Namen Pippilotta Viktualia Rollgardina Pfefferminz Efraimstochter Langstrumpf – pfeift auf Konventionen, ihr Leitspruch: »Ich mache mir die Welt, wie sie mir gefällt!« Sie lebt ihren Traum in der Villa Kunterbunt, ohne Erziehungsberechtigte, ohne Schule, dafür mit Pferd »Kleiner Onkel«, Äffchen »Herr Nilsson« und Papagei Rosalinda. Sie schert sich nicht um gesellschaftliche Normen. Die Frage »Darf ich das?« kennt sie nicht. Was sie will, das macht sie. Sie lebt ihre Träume, ihre Fantasien. Sie ist einfach besonders.

Die Frage »Warum sind Sie besonders?« sorgt bei Vorstellungsrunden immer wieder für irritierte Blicke bei den Teilnehmerinnen und für Funkstille. Etwa bei einem Workshop zu »Work-Life-Balance« bei einer Handwerkskammer. Die Frauen sollten kurz etwas zu ihrer beruflichen und privaten Situation sagen, zudem die Frage beantworten »Warum bin ich heute hier?«, also zu ihrer Motivation, sich zum Workshop anzumelden. Und eben eine Besonderheit von sich nennen. Im Raum war es mucksmäuschenstill. Als sich die erste Frau traute, die Fragen 1 und 2 zu beantworten, war ich gespannt, was sie als Besonderheit von sich nennen würde. Antwort: »Ich bin nicht besonders. Mir fällt dazu nichts dazu ein.« Verständnisvolles Kopfnicken bei den anderen. Das sagte eine Frau Mitte 40, geschmackvoll angezogen, Fulltime-Job, strahlendes Lächeln, sympathische Stimme, fröhliches Lachen. Und das ist nicht besonders?

Viele Frauen tun sich extrem schwer, ihr Können, ihre Kompetenzen und ihre Stärken zu nennen. Die wenigsten können aus dem Stand zehn Eigenschaften aufzählen, die sie charakterisieren. Im Positiven. Ihr Fokus liegt vielmehr auf dem, was sie nicht haben, nicht können oder nicht sind: geduldig mit den Kindern, fünf Kilo weniger, perfekte Hausfrau und hilfsbereite Kollegin, die anderen gerne hilft und eigentlich selbst schon genügend Arbeit auf dem Schreibtisch liegen hat …

 **Auf die Stärken konzentrieren**

Machen Sie eine Liste mit Ihren Eigenschaften und Stärken. Ergänzen Sie diese Liste. Jeden Tag gleich nach dem Aufstehen, vor dem Einschlafen oder in ein paar ruhigen Minuten zwischendurch. Kaufen Sie sich dafür ein schönes Buch, einen tollen Stift, der gut in der Hand liegt. In Ihrer Lieblingsfarbe. Computerfans und Smartphone-Liebhaberinnen können das natürlich auch digital erledigen. Machen Sie sich die Welt, wie sie Ihnen gefällt – ganz im Sinne von Pippi Langstrumpf!

3. Mein Kokon, mein Biotop

»Zweifel und Überzeugung sind heimlich alte
Freunde. Nachts im Traum erwischt man sie schon
mal beim Würfeln.«
(Peter Horton)

Optimales Klima im Kokon

Wo das Buch »Die Raupe Nimmersatt« aufhört, fängt dieses Kapitel
an. Nämlich an dem Punkt, an dem die Raupe »erwachsen« geworden ist und nicht mehr fressen mag. Wenn die Raupen satt sind und
ihre letzte Häutung hinter sich haben, werden sie zappelig. Es steht
eine große Veränderung an! Weil sie so »aufgeregt« sind, scheiden
die voll gefressenen Raupen alle überschüssigen Stoffe aus, die sie
nicht mehr benötigen und die im Kokon ihre Ruhe nur stören
würden. Anschließend suchen sie sich einen geeigneten Platz, um
den nächsten Entwicklungsschritt angehen zu können und sich zu
verpuppen. Dabei spinnen die Tiere um sich herum einen Kokon.
Sie wickeln sich ein, um ungestört, in einem günstigen Mikroklima
und ohne äußeren Einflüssen ausgesetzt zu sein, die nächste Phase
der Metamorphose absolvieren zu können: Denn im Puppenstadium
passiert ein nahezu völliger Umbau der Organe.

Die Kokons sind ausgeklügelte Schutzhüllen für die Puppen:
Die birnenförmigen Gebilde haben am dünneren Ende einen
durch eine sogenannte »Reuse« gesicherten Ausgang. An dieser
Stelle haben die Raupen ihre Spinnenfäden von innen nach außen
gezogen, so dass Fressfeinde keine Chance haben, in die Hülle
hineinzukommen. Außerdem sorgt der abgeschlossene Kokon für
ein optimales Entwicklungsklima: Ist es zu trocken, vertrocknet
die Puppe und wenn es zu feucht ist, verschimmelt sie. Um nicht
aufzufallen und sich vor hungrigen Feinden zu schützen, verfärben
sich Raupen, die sich an Rinde oder in der Erde verpuppen, oft

rötlich oder braun. Manche verstecken sich in Schlitzen von Baumrinden, andere basteln sich aus Blättern eher ein »Tarnmäntelchen« als einen festen Kokon.

Was als Larve anfangs seine Ruhestätte baut, hat mit dem Lebewesen, das nach einigen Tagen, Wochen oder Monaten aus dem Kokon schlüpft, nur noch wenig gemeinsam. In der Zeitspanne dazwischen bewegt sich nichts, man sieht keine Füßchen, es sieht aus, als wäre die Puppe nicht mehr lebendig. Doch auch wenn das von außen nicht zu sehen ist, innen geht ordentlich die Post ab: Die ursprüngliche Raupe wird am Ende der Ruhephase durch ihre eigenen Verdauungssäfte fast ganz aufgelöst (Histolyse). Fast. Nur einige wenige Zellen (Histoblasten), die während des Raupenstadiums praktisch auf der faulen Haut gelegen sind und nichts zu tun hatten, sind nun plötzlich ganz wichtig: Aus ihnen entwickeln sich neue Organe, die der künftige Schmetterling benötigt. Bevor wir uns jedoch den letzten Entwicklungsschritt im Kokon, die Verwandlung der »Raupensuppe« bis zum Falter am Ende der Puppenruhe anschauen, nehmen wir die Verpuppung selbst unter die Lupe.

Irgendwann kommt er: Der Auszug aus dem Kinderzimmer

Wenn eine Raupe ihren eigenen Kokon spinnt, ist das vergleichbar mit der Loslösung der erwachsen gewordenen Kinder von Mama und Papa, und dem Auszug von Zuhause. Bildlich gesagt: Das Kinderzimmer ist zu eng geworden, alles gefuttert und mitgenommen, was notwendig ist, um das Stadium des jungen Erwachsenen anzugehen und erfolgreich zu überstehen.

Für Eltern ist das eine spannende und manchmal auch tränenreiche Zeit, heißt es doch: die Kinder in die Selbstständigkeit entlassen. Die erste Wohnung ist für Töchter und Söhne der erste Schritt auf ganz eigenen Füßen zu stehen. Bei mir war es ein Zimmer im Schwesternwohnheim. Toilette und Dusche auf dem Gang. Ich bin gleich nach dem Abitur von Zuhause ausgezogen und habe ein Praktikum in einer psychiatrisch-neurologischen Klinik gemacht. Denn ich hatte vor, Physiotherapeutin zu werden und da benötigte man ein pflegerisches Praktikum. Und weil es bezahlt wurde – ich kann mich an die 700 Mark monatlich gut erinnern, die die Klinik pünktlich überwies – konnte ich mir mein eigenes »Reich« finanzieren, in dem ich schalten und walten konnte, wie ich wollte.

Die Werte und Einstellungen, die mir meine Eltern mit auf den Weg gegeben hatten, erleichterten mir den Berufseinstieg als Praktikantin. Sätze wie »Ohne Fleiß kein Preis« oder die schwäbische Maxime »Schaffe, schaffe Häusle baue und nicht nach den Mädle schaue« gaben genau die Arbeitshaltung wieder, die im Krankenhaus gefragt war. Viel und schnell arbeiten, ohne zu murren – auch wenn es um ungeliebte Tätigkeiten wie Bettpfannen leeren ging oder Geschirr abräumen nach den Mahlzeiten. Die ausgebildeten und damit hierarchisch über mir stehenden Schwestern erwarteten von mir, dass ich alle aufgetragenen Arbeiten erledigte, und zwar perfekt. Das verstand sich für mich von selbst. Das hätte mir meine Chefin, Stationsschwester Caroline, nicht extra sagen müssen. Obwohl ich ja »nur« Praktikantin und keine Pflegefachkraft war, hatte ich mich schnell eingearbeitet und die Abläufe auf Station ruckzuck intus. Denn ich war schon damals von meinem Charakter her ein Maestro-Typ. Obwohl mir das in meiner Klinikzeit, als knapp 20-Jährige, nicht bewusst war und ich mich mit Persönlichkeitsmodellen erst Jahre später beschäftigt habe.

Sie fragen sich jetzt sicher, was ist denn bitteschön ein Maestro-Typ, wie denkt und verhält sich so ein Mensch? Und warum ist das überhaupt wichtig? Das erfahren sie im nächsten Abschnitt.

Einst überlebenswichtige Einschätzung: Freund oder Feind?

Wir Menschen lieben Tabellen, Strukturen und Gewohnheiten. Gerne sortieren wir Gedanken, Verhaltensweisen sowie Menschen in Schubladen ein. Wir sichern uns damit den Überblick, und unser Gehirn ist glücklich mit solch einer ökonomischen Handlungsweise: Die grauen Zellen versuchen nämlich, es sich immer so einfach wie möglich zu machen, und sie wollen so wenig Energie wie irgendwie möglich in die Informationsaufnahme, die Verarbeitung und Speicherung von Reizen aus der Außenwelt stecken.

Seit Jahrtausenden unterscheidet der Homo Sapiens in Windeseile: Freund oder Feind? Kampf, Verteidigung oder doch lieber Flucht? Diese Trennung war überlebenswichtig und machte den Menschen in der Evolution erfolgreich. Heutzutage wäre dieser Mechanismus nicht mehr zwingend nötig, doch er ist in unseren Genen und in unseren Köpfen fest verankert. Wir checken innerhalb von Sekunden einen Artgenossen automatisch ab. Um das Gegenüber, dessen Verhalten besser einschätzen zu können und unsere zwischenmenschlichen Beziehungen möglichst angenehm zu gestalten. Wenige Augenblicke reichen, um uns ein Bild zu machen. Die kleinen Eindrücke und Informationen bezeichnen die Psychologen Robert Rosenthal und Nalini Ambady als »thin slices«, also als feine Scheibchen. Forscher der Universität Princeton (USA) fanden etwa heraus, dass Menschen innerhalb einer Zehntelsekunde (!) entscheiden, ob jemand vertrauenswürdig ist oder nicht.

Die moderne Psychologie bietet eine Vielzahl von Persönlichkeitstypen, Tests und Skalenmodellen. Es gibt äußerst ausgeklügelte Herangehensweisen und Methoden, mit denen »Profis« wie Therapeuten, Ärzte, Psychologen und Personalentwickler arbeiten. Aber auch psychologische Laien und Interessierte können lernen, einzelne Persönlichkeitstypen und ihre Gesprächspartner anhand von leicht beobachtbaren Merkmalen zu erkennen und den Charakter besser einzuschätzen. Im Alltag sprechen wir von Menschenkenntnis. Aber Achtung: Wir sind keine Messstationen. Mit unserer Einschätzung, unserem Urteil können wir total danebenliegen!

Ich habe für mein MARIPOSA-Prinzip (vgl. Kapitel 6) das Persönlichkeitsmodell von Dr. Carol Dweck als Basis genommen und es dann weitergesponnen. Auf den Ansatz der US-amerikanischen Psychologie-Professorin bin ich in Kapitel 2 »Der Traum der Raupe« schon eingegangen. Erinnern Sie sich an »fixed mindset« und »growth mindset«? Hier finden Sie einen Überblick über die zwei verschiedenen Mentalitäten von kleinen und großen Leuten:

Die wichtigsten Merkmale der beiden Haltungen:

»growth mindset«: wachstumsorientierte Denkweise und dynamisches Selbstbild	»fixed mindset«: statische Denkweise und unveränderbares Selbstbild
– Gehirn ist ein form- und trainierbarer Muskel	– Kreativität, Persönlichkeit und Intelligenz ist angeboren
– Charakter ist entwicklungsfähig	– Charakter ist unveränderbar
– Lernen bringt etwas! Positive Veränderungen sind möglich	– Anstrengungen und Bemühungen bringen nichts
– Herausforderungen werden angenommen; Wachstumschancen	– Herausforderungen geht man am besten aus dem Weg
– Offen, flexibel, motiviert, neugierig und wandlungsfähig	– Eher ängstlich und zweifelnd
– Niederlagen, Scheitern und negative Erfahrungen gehören zum Leben	– Keine Verantwortung für das eigene Handeln, schuld sind die anderen

Wo erkennen Sie sich selbst, Ihre Kinder, Kunden oder Geschäftspartner wieder? Es sind zwei grobe Einschätzungen. Doch die Charaktermerkmale sind extrem hilfreich, um den ersten Eindruck, den wir uns ja in Sekundenschnelle von einer Person machen, etwas genauer, mit mehr Hirnschmalz unter die Lupe zu nehmen. Und um so Mitmenschen eine zweite Chance geben zu können, die wir aufgrund ihrer Kleidung, Frisur, Blick und Auftreten vielleicht erst mal in die Schublade »unsympathisch«, »arrogant« oder »doof« gesteckt haben.

Forscherbrille aufsetzen und in fremde Kokons kriechen

Hilfreich ist so eine Typisierung nicht nur für die Einschätzung von anderen Personen, sondern auch für uns selbst. Um sich besser selbst einordnen zu können und sich differenzierter kennen zu lernen. Das Wissen und die Reflexion über unser Verhalten, unsere Einstellung und unser Denken sind die Grundlage, um uns zu entwickeln und

Transformationsprozesse im Leben zu bewältigen. Und natürlich auch unsere Mitmenschen, den Mann, die Freundin, den Chef, die Verkäuferin oder den Zugschaffner fairer, nüchterner, unemotionaler zu beurteilen.

Einen Blick auf und in die Kokons der anderen zu werfen, ist sehr hilfreich. So fällt es uns leichter, andere zu akzeptieren mit ihren Macken und Eigenheiten. Missverständnisse, Irritationen und Konflikte können vermieden werden. Nur wenn wir es schaffen, unseren Kokon mal von außen zu betrachten und die Perspektive zu verändern, können wir ein Schmetterling werden. Wer sogar mal in die schützende Hülle, ins Innere des Kokons des anderen kriecht, lernt die Annehmlichkeiten kennen, die Denkweisen und typischen Verhaltensmuster. Wer seinen Kokon neben denen der Artgenossen stehen lassen kann und mit der Forscherbrille betrachtet, kann sich das Leben leichter machen. Und geht nicht jedes Mal in die Luft, wenn ihm etwas nicht passt oder man denkt, der andere greife einen an oder wolle einem vorschreiben, was man tun soll.

Die beiden Grund-Mentalitäten »growth mindset« und »fixed mindset« habe ich weiterentwickelt. Praktisch ein feineres »Analyse-Instrument« gebastelt, das Sie unterstützen soll bei der Erforschung Ihres eigenen persönlichen Kokons und der Ihrer Mitmenschen:

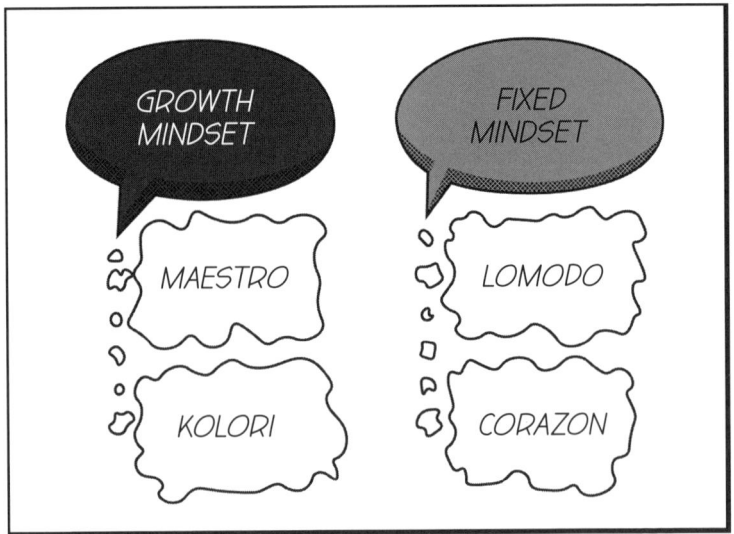

Ich stelle Ihnen auf den nächsten Seiten erst den Maestro-Typ und den Kolori-Typ vor – also die dynamischen Menschen. Darauf folgen die Merkmale vom Lomodo-Typ und Corazon-Typ, also die in ihrem Kokon verharrenden Persönlichkeiten.

Maestro-Typ: Der flexible und neugierige Macher

Sein Gehirn sieht der Maestro-Typ als einen form- und trainierbaren Muskel an. Im Laufe der Jahre, also von der Kindheit bis zum Erwachsenen, gedeiht er prächtig und nimmt deutlich zu – durch Lernen, Ausprobieren und Machen. Der Maestro-Typ analysiert, ist wandlungsfähig und zukunftsorientiert. Er ist neugierig, sucht Herausforderungen und kann sich gut auf neue Situationen sowie Städte und Jobs einstellen. Meine Freundin Yvette beispielsweise ist ein astreiner Maestro-Typ! Sie arbeitete als Fotografin, Dozentin, Büroleiterin, Weinladen-Inhaberin und Buchhändlerin – in so vielen verschiedenen Städten und Ländern, sodass ich mit den Adressänderungen kaum hinterherkam.

Weitere typische Eigenschaften eines Maestro-Typs: Strategien austüfteln, Informationen sammeln über das, was notwendig ist. Dann wird das besorgt und in die Tat umgesetzt. Ohne lange zu fackeln. Dinge ausprobieren? Klar! Wer so tickt und sich auf unbekanntes Terrain wagt, muss Niederlagen und Fehlentscheidungen einkalkulieren. Versagensängste? Unbekannt! Scheitern gehört für den offenen, wandlungsfähigen und motivierten Maestro-Typ einfach dazu. Scheitern ist die andre Seite der Medaille von Herausforderungen. Für solche Menschen ist ein Misserfolg jedoch nicht negativ belegt, sondern ein notwendiger Schritt bei der Weiterentwicklung, der positive, persönliche Wachstumschancen erst ermöglicht. Denn wir können erst im Nachhinein beurteilen, ob der eingeschlagene Weg der richtige und passende war.

Ein Maestro-Typ ist hart im Nehmen, leistungsorientiert, mutet sich eher zu viel zu als zu wenig zu. »Nur die Harten kommen in Garten« ist einer der Sprüche, die ihm leicht über die Lippen kommen. Die Maximen »Leistung lohnt sich«, »Das schaff ich schon« oder »Es gibt immer eine Lösung, wenn Plan A nicht geht, nehmen wir eben Plan B« gehören zu seinem grundlegenden Verhaltensrepertoire.

Sind Sie zufällig James-Bond-Fan so wie ich? Dann kam Ihnen beim Lesen der letzten drei Abschnitte vermutlich gleich die Chefin des britischen Geheimagenten in den Sinn. Sie ist ein Maestro-Prototyp! Die resolute Macherin und Strategin, die den zu Alleingängen neigenden 007 immer wieder energisch in die Schranken weisen muss. Als Führungskraft mit Maestro-Fähigkeiten zeichnet sie im Weiteren aus: Akribische Koordination von Einsätzen, diplomatische Verhandlungsführung, cool bleiben in Krisensituationen und den Überblick bewahren, Vorschläge von Kollegen annehmen und Alternativen umsetzen. Natürlich nur, sofern es keine andere Lösung gibt! Denn ein Maestro-Typ kennt seine Stärken und Schwächen ganz genau. Insbesondere weibliche, die es mit Machos wie James Bond zu tun haben, haben ein großes Repertoire an wirksamen Strategien und halten locker dagegen.

Kolori-Typ: Hauptsache bunt und ungewöhnlich

Aus den growth-mindset-Kindern entwickelt sich ein zweiter, typischer »Menschenschlag«: Der Kolori-Typ. Er hat ebenfalls ein dynamisches, wachsendes Selbstbild. Doch im Gegensatz zum analytisch-strategischen Maestro-Typ ähnelt der Kolori-Typ in vielen Bereichen Pippi Langstrumpf: Dazulernen, kreativ sein, sich ausdrücken, umherschwirren von einem Thema oder einer Branche zur anderen, das liebt der Kolori-Typ.

Ganz entscheidend: Freiheit und Unabhängigkeit sind für den Kolori-Typ (über-)lebenswichtig. Sich an Normen, Vorschriften oder Traditionen zu halten, ist nicht gerade seine Lieblingsdisziplin. Was andere von ihm halten und was das Umfeld erwartet, das ist dem Kolori-Typ nicht wichtig. Es interessiert ihn nur am Rande. Koloris machen ihr eigenes Ding. Ob es anderen gefällt oder nicht, ist erst einmal egal. »Schaun mer mal«, sagen sie – ganz in der Manier von Fußball-Kaiser Franz Beckenbauer.

Meine Freundin Anita ist Künstlerin, wandlungsfähig und immer hat sie neue Pläne, Projekte und ein unerschöpfliches Potenzial an faszinierenden, schillernden Ideen in petto. Natürlich nicht gerade solche, die Otto Normalverbraucher kennt und schätzt. Beispielsweise malt sie die Verpackungen von asiatischen Nudelsuppentüten ab und macht daraus eine Ausstellung, in ihrem Wohnzimmer. Catering und musikalische Untermalung inklusive. Die quadratischen Bilder gehen bei der Vernissage weg wie warme Semmeln, die Käufer sind begeistert von ihren detailgetreu handgemalten Suppenpackungen. Ihre kreative Ader lebt Anita auch privat: Wenn man sie treffen möchte, gibt es drei Möglichkeiten: München, Lienz oder die kroatische Insel Krk. Man muss sie immer erst anrufen und fragen, wo sie steckt. Erst seit ihr Sohn eingeschult worden ist, hat sich die Pendelei zwischen den drei Lebensorten und ihre Zugvogel-Mentalität etwas reduziert. Zumindest während der Schulzeiten ist klar, wo ich meine Kolori-Typ-Freundin und ihre Familie antreffen kann.

Lomodo-Typ: Wir machen es wie immer!

Wie die dynamischen Denker (Maestro- und Kolori-Typ) lassen sich Menschen mit einer statischen Grund-einstellung in ebenso zwei Arten einteilen. Ich nenne sie den Corazon-Typ und den Lomodo-Typ. Im Gegensatz zum Maestro-Typ und Kolori-Typ sind Kinder und Erwachsene mit einer »fixed mindset« ganz anders gepolt: Ihre fixierte, statische Denkweise beruht auf der Idee, dass Persönlichkeit, Kreativität und Intelligenz angeboren und daher unveränderbar sind. Egal wie sehr sie sich anstrengen und bemühen! Daher gehen sie Herausforderungen tendenziell aus dem Weg, stellen ihr Wissen und ihre Fähigkei-ten ungern auf die Probe. Wenn etwas nicht klappt, sind die Umstände, die Rahmenbedingungen, der Lehrer, die Chefin, die unmöglichen Leute in der Nachbarschaft oder der Kunde schuld.

Charakteristisch für Lomodo-Typen sind ihre Vorlieben für klare Strukturen und stets gleich bleibende Abläufe. Ein Muss: Pünktlich zum Mittagessen gehen und in den Feierabend. Der Satz »Das haben wir immer schon so gemacht, das machen wir auch künftig so« ist einer ihrer Leitgedanken. Lomodo-Typen sind Gewohnheitstiere, Überraschungen bringen sie leicht aus dem Rhythmus. Sie mögen überschaubare Arbeitsbereiche und festgelegte Geschäftsprozesse, auf die sie sich einstellen können. Meetings mit vielen wichtigtuerischen Menschen, ohne feste Tagesordnung und definitivem Ende rauben ihnen den letzten Nerv. Auch Arbeitsunterbrechungen durch Anrufe

oder Kollegen stressen Lomodo-Typen. Beruflicher Aufstieg und
Karriere? Nur wenn nicht übermäßige (Personal-)Verantwortung,
Leistungsbereitschaft und diplomatisches Geschick gefordert werden.
Körperliche, ausdauernde Anstrengungen sind eher nichts für gemüt-
liche Lomodos. Was nicht heißt, dass sie nicht große Ausdauer, Zeit
und Energie in ihre Hobbies stecken wie etwa Urlaubsfilme schneiden
und vertonen. Das macht etwa mein Freund Mirko. Während mein
Schrebergarten-Nachbar Ferdinand Statist in der Münchner Oper
ist und im Urlaub fast immer nach Rom fährt und dort stunden-,
ja tagelang Kirchen und Klöster studiert. Auch Seminarteilnehmer
Alex ist ein typischer Lomodo: Mit leuchtenden Augen hat er schon
bei der Vorstellungsrunde ausführlich über sein Hobby gesprochen:
Er erstellt seit Jahrzehnten Fußballstatistiken von der Kreis- bis zur
Bundesliga. Für die anderen Teilnehmer – meist Corazon- oder
Maestrotypen – unvorstellbar.

In städtischen Ämtern, Gemeindeverwaltungen und Ministerien
sind Lomodo-Typen häufig anzutreffen – aber auch in Banken, Ver-
sicherungen, Verbänden, Produktionsbetrieben und Laboren. Dort
können sie viele ihrer persönlichen Stärken und Qualitäten optimal
einsetzen: Schauen, ob Paragrafen und Anweisungen eingehalten
werden, akribische Kontrolle von Listen, Zahlen, Daten und Pro-
zessen. »Je besser die Qualität, desto geringer der Ausschuss«, erklä-
ren Lomodo-Typen, die in ihrem Gebiet Experten sind und selten
Fehler machen. Viel Spielraum für eigenverantwortliches Arbeiten
und Entscheidungsmöglichkeiten sind oft nicht vorhanden, werden
aber auch nicht vermisst. Doch wenn ein Lomodo einmal Führungs-
verantwortung in einem Bereich übernommen hat, verteidigt er sie
vehement. Komme was da wolle!

Schön zu beobachten war das bei meinem Bekannten Christian. Der Elektrotechniker ist seit über 20 Jahren bei einer kleinen
Technologiefirma in Franken. Er kennt nicht nur alle Mitarbeiter,
sondern auch die betriebsinternen Abläufe in- und auswendig. Im
Laufe der Jahre hatte sich Christian zum Bereichsleiter hochgearbeitet
und mit dem alten Geschäftsführer einige Sonderregelungen für sich
und seinen Arbeitsbereich ausgehandelt. »Nun kommt dieser junge
Betriebswirtschaftler und meint, alles besser zu wissen«, schimpfte
Christian bei einem Biergartenbesuch, »dabei hat er von Technik

keine Ahnung und redet immer nur gescheit daher.« Was war passiert? Der neue Geschäftsführer hatte viele Pläne, um die Firma besser auf den veränderten Markt einzustellen: Er krempelte daher Arbeitsbereiche und Zuständigkeiten um. Klassisches Change-Management. Ein Teil der Belegschaft begrüßte die Veränderungen, andere fühlten sich überfahren und waren den Neuerungen gegenüber skeptisch. Christian war beunruhigt und fuhr seine Klauen aus: Er verwies auf seine langjährige Erfahrung, seinen Experten-Status und sah überhaupt keine Notwendigkeit, die Vorgaben seines Vorgesetzten in seinem »Revier« umzusetzen. »Ich bin der Techniker und weiß, was sinnvoll ist. Punkt!« Die Gespräche zwischen Christian und dem neuen Chef wurden immer kürzer und im Ton schärfer. Irgendwann bekam er eine Abmahnung.

Corazon-Typ: Großes Herz mit Harmoniezentrum

Ein weiterer Charakter entwickelt sich aus den fixed-mindset-Kindern: der Corazon-Typ (corazon heißt im Spanischen Herz). Der Corazon-Typ liebt es harmonisch, wenn es Streit mit Mitmenschen gibt, fühlt er sich ziemlich mies und unwohl. Wenn ein Corazon-Typ anderen nicht helfen kann, bekommt er ein schlechtes Gewissen. Denn »Nein-Sagen« ist nicht seine Stärke. Im Gegenteil: Wenn Corazon-Leute »Ja« antworten, steckt oft ein »Nein« dahinter, doch eben nur in ihrem Kopf, in ihren Gedanken. Helfersyndrom nennt das der Volksmund. Ein Corazon-Typ reagiert meist sehr emotional auf schwierige Situationen und weiß nicht, wie er damit umgehen soll. Ziel ist immer, es den anderen recht zu machen und ja keine Diskussionen oder gar Irritationen, Streit und Konflikte anzuzetteln. Zudem sind die harmoniebedürftigen Menschen bescheiden, stellen ihr Licht gerne unter den Scheffel und sind daher der Meinung, dass sie Dinge und Situationen nicht ändern können. »Es ist immer so mühsam mit der Auftraggeberin« oder »die Kollegen machen einem das Leben so schwer« oder »man kann ja eh nichts ändern« sind beliebte Sätze.

Missliche Punkte ansprechen, eigene Wünsche und Bedürfnisse einfordern – das traut sich ein Corazon-Typ meist nicht. Denn was könnte der andere dann über einen denken und sagen? Darüber machen sie sich mehr Gedanken als um sich selbst. »Seit wir den Ablauf bei der Telefon-Hotline geändert haben«, erzählte Felix N. im Workshop »Umgang mit Arbeitsunterbrechungen« völlig aufgelöst, »muss ich ständig den Kollegen sagen, dass ich mich nicht sofort um ihr Problem, um den Support kümmern kann, weil ein Projekt Vorrang hat.« Am liebsten würde der IT-Spezialist wieder zum alten System zurückkehren. Doch nun habe auch noch ein IT-Kollege gekündigt. »Jetzt sind wir zu zweit und müssen die Arbeit von dreien machen.« Ob er schon mit seinem Vorgesetzten gesprochen hat? Nein. Es geht Felix N. auch nicht um die Mehr-Arbeit. Sein Hauptproblem ist, »dass ich mich als Dienstleister sehe und den netten Kollegen bei ihren Computerproblemen helfen möchte. Denn sie sind ja auch nett zu mir.«

Felix N. ist ein klassischer Corazon-Typ. Ihm liegen seine Mitmenschen am Herzen. Für sie setzt er sich ein – auch in seiner Funktion als Personalrat. Aber nach sich, nach seinen eigenen Bedürfnissen zu schauen und mit dem Vorgesetzten über seine Unzufriedenheit sprechen? Das möchte er nicht. »Der Chef weiß doch, was bei uns los ist.« Erwachsene mit einer Tendenz zu »Friede, Freude, Eierkuchen« und geringer Selbstwirksamkeit glauben, morgen sei alles noch so wie heute. Unabhängig davon, ob sie etwas unternehmen oder nicht. Diese Sichtweise nährt Ängste, Zweifel und die Haltung: »Ich kann nichts verändern.« Auch Felix argumentiert so im Workshop: »Ich habe früher schon einige Male Dinge angesprochen, doch gebracht hat es nichts.« Dann rückt er mit einem weiteren Problem heraus: »Mein Kollege nimmt keine Rücksicht auf mich. Immer quatscht er mich an und ich bin dann so geladen, dass ich die Tür zuschlage.« Ob er seinen Kollegen in einer ruhigen Minute auf sein Verhalten angesprochen hat? »Nein, das hat eh keinen Sinn. Der versteht das überhaupt nicht.«

Wer wie Felix ein eher statisches Selbstbild hat, entscheidet sich in schwierigen emotionalen Situationen tendenziell fürs Aushalten. Allein die Vorstellung, dass ein Gesprächspartner barsch reagieren könnte, stresst einen Corazon-Typ. Und deshalb spricht er nervige Dinge erst gar nicht an. Insbesondere bei Menschen, mit denen er es ständig zu tun hat. Denn er will ja nett sein, geliebt werden und verfolgt das Ziel »Hauptsache, den anderen geht es gut«. Mut, Anstrengung, Wissensdurst und Experimentierfreude passen nicht in dieses Konzept, Leistungssteigerung und persönliche Weiterentwicklung sind kaum möglich.

Eine Corazon-Verhaltensvariante ist im Business-Umfeld zu finden, wenn es um Pleiten, Scheitern und Verantwortung geht: Dann wird oft »Schwarzer Peter« gespielt. Erfolgreiche Manager trifft es besonders hart, wenn etwas schief geht. Ziele nicht zu erreichen oder Misserfolg zu haben, gehört nicht zu ihrem Selbstverständnis. Erst recht nicht nach einem längeren Ritt auf der Erfolgswelle. »Hedonistische Verzerrung« nennt der Wirtschaftspsychologe Heinrich Wottawa das Verhalten, wenn Führungskräfte sich Erfolge vorwiegend selbst zuschreiben und für Misserfolge lieber die anderen oder die äußeren Umstände verantwortlich machen (FAZ 20. Dezember 2015).

 **Innehalten: Wie ticken Sie?**

Nun sind Sie dran! Nachdem Sie sich mit meinen vier Persönlichkeits-Typen Maestro, Kolori, Lomodo und Corazon bekannt gemacht haben: Wie ist Ihre Einschätzung über sich selbst? Zu welchem Typus tendieren Sie? Welche Verhaltensweisen haben Sie wiedererkannt? Wo haben sie geschmunzelt und sich beim Gedanken ertappt: »Upps, das kommt mir bekannt vor?« Vielleicht kennen Sie sogar einen Vorgesetzten oder einen Stammkunden mit einer gelegentlichen, hedonistischen Verzerrung?

:: Kleine Hilfestellung für Ungeübte: Einige Seite weiter vorne haben
:: Sie sich ja bereits charakterisiert: als dynamischen (growth-mindset)
:: oder eher statischen Typen (fixed mindset). Damit ist die grobe
:: Richtung schon mal vorgegeben …
::   Achtung: Lassen Sie sich nicht irritieren, wenn Sie Eigenschaften
:: von zwei, drei oder gar allen vier Typen an sich selbst entdecken.
:: Wie bei allen gängigen, psychologischen Persönlichkeitsmodellen
:: gibt es natürlich Mischtypen – die sich je nach Lebenslage, Situa-
:: tion, Befinden und Tagesform unterschiedlich verhalten. Es geht an
:: dieser Stelle nicht darum, eine für immer gültige Charakterisierung
:: zu treffen, sondern sich besser einschätzen zu können und damit in
:: manchen Situationen klarer zu sehen.

Ein Beispiel für einen klassischen Misch-Typen: Karina hat eine
ungewöhnliche Leidenschaft: Sie hat ein Kunstprojekt in München
initiiert. Jede freie Minute verbringt sie mit künstlerischen Themen,
entwickelt Projekte mit Theaterleuten, Musikern, Architekten,
Schriftstellern und Performern. Ideen hat sie en masse, die Umsetzung
geht nicht immer so schnell, wie sie sich das vorstellt (Kolori-Typ).
Denn neben dem bunten und schillernden Künstlerleben gibt es ja
noch den »richtigen« Job als IT-Consultant und Dienstleisterin in
einem Unternehmen, mit dem Karina ihren Lebensunterhalt verdient
(Maestro-Typ). Unheimlich bereichernd, so jemanden in seinem
Bekanntenkreis zu haben. Man kann sich auf jede Vernissage freuen
und staunen, was Karina und ihre internationalen Gäste aus der
ganzen Welt wieder ausgeheckt haben.

Willkommen im Club der Kokonisten

Haben Sie eine »Typisierung« erstellt von sich? Ich hatte ja schon
erwähnt, dass Menschen, die wissen, wie sie ticken und was sie
brauchen, beschwingt durchs Leben gehen. Und natürlich auch beim
Zusammenleben oder bei der Arbeit weitaus weniger anecken.
    Haben Sie sich und einige Situationen durchleuchtet und be-
merkt, mit welchen Eigenheiten, Verhaltensweisen und Haltungen
Sie es tagtäglich zu tun haben? Oder haben Sie gedacht: »Das ist mir

zu blöd!«, »Das kostet nur Zeit und bringt mir eh nichts!« oder »Puh, keine Lust, ist mir gerade zu anstrengend!«

Welchen Weg auch immer Sie gewählt haben: Es war vermutlich der, den sie üblicherweise bevorzugen – ohne viel nachzudenken. Man könnte auch sagen: Sie sind in Ihrer Komfortzone geblieben, in Ihrem Kokon. Denn das gewohnte Vorgehen hat sich bewährt in der Vergangenheit, ist verlässlich und man braucht nicht viel Gehirnschmalz.

Wir machen es so, wie wir es immer machen. Mache ich selbst auch so. Erstens weil es bequem ist, schnell geht, ich nicht über Alternativen nachzudenken brauche, wenig Energie benötige und schon anfangs weiß, was am Ende dabei herauskommt. Ich habe es mir in meinem Kokon komfortabel eingerichtet. Dass dabei natürlich auch immer dieselben, einschätzbaren Ergebnisse herauskommen, versteht sich von selbst. Das liegt nicht nur an der gemütlich eingerichteten Kuschelzone, sondern auch daran, dass wir viele der in der Kindheit und Jugend gelernten Einstellungen, Haltungen und Verhaltensweisen einfach mit ins Erwachsenenleben hinübergerettet haben. Im Alltag machen wir uns selten Gedanken darüber, ob unser Leben eigentlich so verläuft, wie wir uns das vorgestellt haben. Und ob sich nicht Gewohnheiten und Ansichten eingeschlichen haben, die wir so gar nicht mehr haben wollen.

Jeder hat sich im Laufe der Jahre seinen eigenen Kokon zusammengesponnen. Und das ist für jeden Einzelnen natürlich der Beste. Jedoch nicht unbedingt auf andere Menschen übertragbar. Viele vergessen, dass ihr Blick auf die Welt, i h r Blick ist, andere anders denken und andere sich anders verhalten. Am einfachsten wäre es, wir wären immer von Menschen umgeben, die in einem ähnlichen Kokon leben. Der Volksmund umschreibt das mit »die Chemie stimmt zwischen uns« oder »Gleich und gleich gesellt sich gern«. Das Gefühl verstanden zu werden ohne viele Worte zu machen, stellt sich auf Anhieb ein. Und wer träumt nicht von der Liebe auf den ersten Blick oder hat sie sogar schon mal erlebt?

Doch sowohl im privaten Umfeld als auch im Beruf treffen Menschen aufeinander, die manchmal unterschiedlicher nicht sein könnten. Den anderen zu akzeptieren, wie er ist, und nicht zu versuchen, ihm die eigenen Ansichten und Verhaltensweisen aufzudrängen, ihn zu verändern und zu »erziehen«, ist zugegebenermaßen manchmal ganz schön tricky. Aber machbar. Ich stelle Ihnen zwei Möglichkeiten vor, die helfen, andere Kokonbewohner besser zu verstehen und so sein zu lassen, wie sie sind.

 **für Einsteiger: Beobachten und Anschauen**

Zugegebenermaßen ist diese Aufgabe ungewöhnlich und bei den ersten Versuchen ganz schön schwierig: Setzen Sie sich in ein Café, in ein Restaurant oder in den Bistrowagen bei einer Zugfahrt. Schauen Sie die Menschen, die Ihnen begegnen oder die Ihnen gegenübersitzen, für eine Sekunde an. Ohne etwas zu denken, ohne Ihr Gegenüber zu bewerten, zu beurteilen und einzuschätzen.

Sollten Sie sich eher in den eigenen vier Wänden aufhalten und einen Computer mit Internetzugang haben, könnten Sie folgendes machen: Geben Sie in der Suchmaschine Ihrer Wahl die Begriffe »Bilder und Menschen« ein. Wenn Sie die Porträtbilder auf den einzelnen Webseiten sehen, verfahren Sie genauso so, wie oben beschrieben. Sie können natürlich auch den Fernseher einschalten und einfach die Menschen in Talkshows oder Serien anschauen. Nichts weiter. Leichter gesagt, als getan, oder?

 **für Fortgeschrittene:
Beobachten und Beschreiben**

Den ersten Menschen, den Sie sehen, beschreiben Sie. Anhaltspunkte können sein: Farbe der Haare, Länge der Haare, Kleidungsstücke, Farben der Kleidung, Schmuck, Taschen … Aber Achtung: Nur beschreiben, was Sie sehen, benennen! Weder beurteilen noch kritisieren oder loben. Ein Beispiel aus einem Italien-Urlaub, vom Campingplatz: Neben unserem Wohnmobil zeltet eine kleine Familie. Die Frau ist schlank, trägt dunkelgraue Shorts und ein hellgraues T-Shirt. Ihre dunklen Haare sind zu einem Zopf geflochten. Ihre Tochter hat ein rotes Kleid an, ist barfuß und sie zeigt auf etwas auf dem Tisch und sagt »da, da«. Der Vater des Mädchens ist ca.

zwei Meter lang, hat eine Glatze und schläft nachts im Auto. Frau und Tochter schlafen in einem kleinen, grauen Zelt mit orangenen Stangenhalterungen. Das sind die Dinge, die wir sehen und beschreiben können.

Alles andere – und da gab es eine Menge – sind Bewertungen, Einschätzungen und Spekulationen. Kostprobe gefällig? Ich sah das Zelt unserer Nachbarn und dachte, oh, das ist ja mini, da schlafen sicher zwei kleine Menschen drin. Und als ich dann die Familie das erste Mal traf, dachte ich sofort, »Oh, mein Gott, wie kriegen die das nur hin?« und gleich die Frage hinterher: »Können oder wollen die sich kein größeres Zelt leisten?« Und so ging es weiter … Zudem setzte vermutlich die räumliche Enge und dann noch das regnerische Wetter dem Paar so zu, dass sich ihre Unterhaltungen nur noch auf Zänkereien und Vorwürfe beschränkten und das Wort Sch… in nahezu jedem Satz vorkam. Und ich ertappte mich dabei, darüber nachzudenken, ob ich die fünf Meter hinüber gehen sollte, um sie zu bitten, leiser zu reden, und was denn die Tochter in solch einem Umfeld mitbekommt, und wieso haben die überhaupt ein Kind, wenn sie dauernd nur zoffen und, und, und … Den Rest können Sie sich denken, oder?

 **Die Lupentechnik –
einfach und immer anzuwenden**

Wenn Sie das nächste Mal einen Ihrer »Spezialfreunde« oder »Lieblingsnachbarn« treffen, also Menschen, denen Sie am liebsten aus dem Weg gehen, nutzen Sie doch mal die Lupentechnik: Stellen Sie sich vor, dass Sie mit einer irren vergrößernden Lupe Ihr Gegenüber anschauen und dann eine Winzigkeit finden, die Sie an ihm/ihr noch nie wahrgenommen haben, à la: »Ach, interessant, hab ich ja noch nie gesehen«, und Sie vielleicht diese Eigenschaft sogar sympathisch finden. Der Gedanke, der dahintersteckt: Werden Sie zum »Parasitenstreichler« und staunen Sie wie ein Forscher im Urwald, wenn er einen neuen Käfer entdeckt hat. Was es auf der Erde nicht alles so gibt, in unserem Biotop – das ist die Sichtweise! Wenn Sie eine andere Perspektive, eine andere Haltung einnehmen, erleichtert das das Leben ungemein, und wir können dem Nachbarn seinen Kokon lassen, so wie er ist. Kennengelernt habe ich diese Technik bei einer Fortbildung von Noni Höfner beim Deutschen Institut für Provokative Therapie (DIP).

Wenn Sie festgestellt haben, dass es Ihnen in Ihrem Kokon mitunter etwas eng ist und Sie in Ihrer persönlichen Entwicklung weiterkommen wollen, dann können Sie sich auf das nächste Kapitel freuen. In »Raus aus dem Kokon – rein ins Abenteuer Leben« steht im Mittelpunkt die Frage: Was bremst mich und hält mich davon ab, Dinge zu verändern und mich in bestimmten Situationen anders zu verhalten als bisher? In welchen Momenten spüren Sie, dass Sie wie die Raupe in ihrem Kokon gewisse Dinge nicht mehr brauchen und das, was bereits angelegt ist, aber noch nicht gebraucht wurde, langsam aufzubauen und zu entwickeln ist, dass am Ende ein flugfähiger Schmetterling aus dem Kokon krabbelt? Welche Impulse sind nötig, dass Sie ein Guckloch in den Kokon machen und sich raus aus Ihrer Komfortzone trauen? Was benötigen Sie, was wollen Sie lernen?

4. Raus aus dem Kokon, rein ins Abenteuer Leben

>»In 20 Jahren wirst du mehr enttäuscht sein über die Dinge, die du nicht getan hast, als über die Dinge, die du getan hast. Also löse die Knoten, laufe aus dem sicheren Hafen. Erfasse die Passatwinde mit deinen Segeln. Erforsche. Träume.«
>*(Mark Twain)*

Nach der Ruhephase: Der Umbau zum Falter

Haben Sie sich schon mal gefragt, was Schmetterlinge im Winter machen? Gute Frage, oder? Ich habe zumindest noch keinen in hiesigen Breiten gesehen. Das liegt sicher daran, dass nur sechs der 180 Tagfalterarten in Deutschland wie Zitronenfalter, Kleiner Fuchs und Tagpfauenauge als Schmetterlinge an geschützten Stellen wie Bäumen, Höhlen oder in Holzschuppen überwintern. Die angehenden Falter verbringen die kalte Jahreszeit hierzulande als Raupe, Puppe oder ungeschlüpft im Ei. An sehr warmen Wintertagen erwachen manche Raupen aus ihrem Winterschlaf, nehmen einen kleinen Snack und fallen dann wieder in ihre Starre.

Wenn die Raupe das Fressen völlig einstellt, also erwachsen geworden ist und sich zum letzten Mal gehäutet hat, beginnt die Verpuppung. Das passiert bei manchen Arten im Spätherbst, wenn die Temperaturen fallen und der Winter vor der Türe steht. In der sogenannten Quieszenz, also der Kälteruhe bei ungünstiger Witterung, liegt die Raupe bewegungslos in ihrem Kokon. Alle Zellaktivitäten sind stark reduziert, der Stoffwechsel auf fast null heruntergefahren. Die Entwicklung ist quasi unterbrochen.

Wie lange diese Wachstumspause dauert, hängt von den einzelnen Schmetterlingsarten ab. Mal sind es wenige Tage, mal mehrere Wochen oder Monate. Einige Arten überwintern in ihrem Kokon

und die Puppen des Kleinen Nachtpfauenauge (Saturnia pavo-
nia) können sogar »überliegen«. Experten bezeichnen damit eine
mehrfache Überwinterung der Puppe, ehe aus dem Kokon ein
Schmetterling schlüpft. Schmetterlingszüchter können gelegentlich
beobachten, dass ein Teil der Falter im normalen Entwicklungs-
turnus aus dem Kokon schlüpft, andere Puppen sich jedoch erst
ein oder sogar mehrere Jahre später zum Schmetterling mausern.
Warum manche Puppen in diesem Stadium Monate oder gar Jahre verbringen, darüber sind sich die Wissenschaftler nicht einig.
Sie vermuten, dass die Natur auf diese Weise Überpopulationen
vermeidet oder ungünstige Bedingungen aussitzt. Und offenbar
»verpennen« manche Puppen in ihrem Winterschlaf einfach das
Ende des Kältereizes, der den letzten Impuls zur Entwicklung zum
Falter gibt. Sie merken nicht, dass die Temperaturen steigen und
die Tage wieder länger werden.

Bei Puppen, bei denen am Ende der Frostperiode jedoch durch
Wärme und Licht der hormonelle Schalter umgelegt wird und damit
das Startzeichen für die Vollendung der Metamorphose gegeben
wird, beginnt der Umbau der Raupenorgane in die Falterorgane:
In dem stabilen Gehäuse verflüssigt sich die Raupe, es entsteht so
etwas wie »Raupengulasch«, aus dem sich der Schmetterling in spe
zusammenbaut. Jedoch nur aus wenigen Gewebeteilen und erst kurz
vor dem Schlüpfen.

Also ein Impuls von außen gibt den nötigen Schubser für die
letzte Entwicklungsphase der verpuppten Raupe zum endgültigen
Umbau zum Schmetterling. Vorausgesetzt, das birnenförmige
Gebilde mit seinem durch eine Reuse gesicherten Ausgang ist von
Fressfeinden nicht eingenommen worden. Sofern das Klima passt,
wird das Meisterwerk des Durchbruchs und der Verwandlung
abgeschlossen: Die Puppenhülle platzt und der Falter schlüpft.
Dann müssen noch abschließende »Arbeiten« erledigt werden: Beispielsweise müssen die Falter ihre eng zusammengedrückten Flügel
entfalten, indem sie ihre Flügeladern langsam aufpumpen wie eine
Luftmatratze. Allerdings nicht mit Luft, sondern mit Blut. Peu à
peu fangen die verschrumpelten Flügel an sich auszubreiten, werden
trocken und fest. Vor dem Start und dem ersten Flug gibt der Falter
noch überschüssige Flüssigkeit in Form eines roten Tropfens ab

(Mekonium), der Abfallstoffe aus der abgelaufenen Umwandlung enthält, und dann kann es losgehen. Dazu mehr im Kapitel 5 »Der Flug des Schmetterlings«.

Schubser von außen: Entscheidungsbeschleuniger

So wie Schmetterlinge einen Impuls, einen Kältereiz von außen brauchen, um die Metamorphose abzuschließen, benötigen auch wir Menschen manchmal Anregungen und Reize von außen, um uns weiterzuentwickeln und unseren Kokon, unsere Komfortzone zu verlassen. Wie bei den unterschiedlichen Schmetterlingsarten ist das auch bei uns grundverschieden. Einige Varianten beschreibe ich Ihnen in diesem Kapitel. Sie kennen sicher noch weitere Beispiele, haben sie selbst erlebt, bei Freunden, Kolleginnen und Familienmitgliedern beobachtet oder in der Zeitung gelesen.

Manchmal verändert sich das Leben von einem Moment auf den anderen gravierend: Die Betroffenen müssen dann mit dramatischen, die Existenz bedrohenden Ereignissen irgendwie zurechtkommen – obwohl sie persönlich nicht die Ursache dafür sind. Wie etwa nach den Anschlägen von islamistischen Terroristen in Paris am 13. November 2015, bei denen 130 Menschen ums Leben kamen. Julia und Thomas Schmitz harrten stundenlang hinter einer verbarrikadierten Tür im Bataclan aus. Die Fernsehjournalistin Christiane Junker suchte in einem Bistro hinter der Theke Schutz. Auch Monate danach, berichtet sie später in einem Interview mit der FAS (13. November 2016), könne sie die Bilder von Blutlachen, Schwerverletzten auf Tragen und Toten nicht vergessen. »Ich bin nicht mehr so unschuldig.« Der Franzose Antoine Leiris verlor in dem Konzertsaal seine Frau Hélène und wurde durch einen Facebook-Post »Meinen Hass bekommt ihr nicht« in der ganzen Welt bekannt. Über die schlimmste Nacht seines Lebens, die Zeit nach dem Attentat und wie er seinem Sohn die traurige Nachricht vom Tod seiner Mutter erklärt, hat Leiris ein Buch mit dem gleichnamigen Titel geschrieben. Berührend.

Impulse oder »Kältereize« von außen können sich tatsächlich so anfühlen, als ob das Herz einfriert oder es draußen Minus 25 Grad hat und so klirrend kalt ist, dass man kaum mehr atmen kann. Oft sind das Ereignisse, die plötzlich über einen kommen wie ein Orkan und vor denen uns kein Meteorologe dieser Welt warnen kann: Ein Wort, ein Satz kann das Leben von einem Moment auf den anderen dramatisch ändern. Und plötzlich ist nichts mehr so wie vorher. Im familiären, persönlichen oder beruflichen Bereich – überraschendes Beziehungsende, Kündigung im Job, Verkehrsunfall, lebensbedrohliche Krankheiten oder Tod von Bekannten oder nahen Verwandten.

Dann steht man erst mal geschockt da, verliert den Boden unter den Füßen und wähnt sich wie mit einer Rakete ins All geschossen. Ich zumindest habe mich so gefühlt, als mein früherer Lebensgefährte aus heiterem Himmel beim Drachensteigen kundtat, dass er sich in seine Assistentin verliebt habe, fortan mit ihr zusammenleben wolle und im nächsten Sommer Vater werde. Vier Wochen nach dem Umzug in eine neue Wohnung und nach zehn Jahren Beziehung! Mein Leben änderte sich auf einen Schlag. Meine Lebensplanung hatte sich in Nichts aufgelöst.

Die Trennung hat mich damals sehr gebeutelt. Ich habe mehrere Monate gebraucht, bis ich mich wieder einigermaßen gefangen hatte und die Schockstarre sich langsam löste. Just in dieser Phase kam die nächste Hiobsbotschaft: Bei einer meiner besten Freundinnen wurde Brustkrebs diagnostiziert. Wieder eine Nachricht, die mich traf wie eine riesige Welle und alle möglichen Gedanken und Fragen aufwirbelte: Wird sie wieder gesund? Wie packen die beiden Kinder die Krankheit? Kann ich meine Freundin anrufen und fragen, wie es ihr geht? Ich war mir sehr unsicher in vielen Punkten. Vielleicht auch, weil meine Trennungswunden gerade erst anfingen zu heilen. Ich nicht mehr die »alte« Heidi war und die »neue« Heidi noch nicht ganz fertig entwickelt war.

Arsch-Engel öffnen die Augen

Im Nachhinein betrachtet, war mein Ex-Partner ein »Arsch-Engel«. Diese Beschreibung übernahm ich von einer Teilnehmerin aus dem Coburger Landratsamt, die an einem Führungskräfteseminar zum

Thema Resilienz teilgenommen hatte. Im Seminar führte dieser
Begriff bei manchen zu Schnappatmung, bei anderen zu breitem
Grinsen. Ich traute meinen Ohren nicht und dachte nur, wow,
was für ein cooler Begriff! »Arsch-Engel« sind Frau König zufolge
Menschen, die einen unheimlich verletzt, gekränkt oder sich einfach
unmöglich benommen haben. Eben, wie man landläufig sagt, wie
ein Arsch. Im Nachhinein, oftmals Wochen oder Monate später stellt
sich dann heraus, dass diese Arsch-Engel den Anstoß gegeben und
eine Entwicklung in Gang gesetzt haben, die uns unseren Wünschen,
Träumen nähergebracht oder uns die Augen geöffnet haben, wo
wir eigentlich stehen und wo wir ursprünglich einmal hinwollten.
Engelsgleich eben. Und natürlich war das den Arsch-Engeln nicht
bewusst und vermutlich auch nicht ihr Ziel.

Bei meiner Trennung stellte sich ein positiver Aspekt ein. Nach
dem »Tal der Tränen« – später mehr dazu – einer mehrwöchigen
Schockphase, wo ich keinen klaren Gedanken fassen konnte und
es nur darum ging, die Arbeit in der Agentur einigermaßen zu
überstehen, mich mit meinen sich rührend um mich kümmernden
Freundinnen abzulenken und einen Tag nach dem anderen einigermaßen gut über die Bühne zu bringen. Ich resümierte, sortierte,
analysierte, überprüfte und sammelte Ideen nach dem emotionalen
Chaos – allein, mit Ratgeberbüchern, einer Astrologin, einer Kinesio-
login, einem Coach, liebevollen und verständnisvollen Kolleginnen
und Kollegen, Freundinnen und meiner Familie. Und ich stellte mir
selbst viele Fragen: Was liegt mir am Herzen? Will ich in meinem
Leben etwas verändern und falls ja, was? Habe ich noch den für mich
passenden Job? Wie richte ich mich künftig ein? Eine neue Wohnung
hatte ich zu diesem Zeitpunkt bereits – im 7. Stock, mit Blick auf
die bayerischen Alpen, Zugspitzpanorama inklusive.

Im Laufe der Monate kristallisierte sich die Idee heraus, meinen
Agentur-Job als Projektmanagerin und Wissenschaftsjournalistin zu
kündigen, mein zweites Buch zu schreiben und mich über kurz oder
lang selbstständig zu machen. Also genau das, was ich eigentlich schon
immer gewollt hatte, aber nicht den Mut hatte und eben auch einen
Lebensgefährten, der diesen Plan – gelinde gesagt – saublöd fand
und mich nicht unterstützen wollte. Dann war der partnerschaftli-
che Bremsklotz weg und der Weg für eine grundlegende berufliche

Veränderung frei. Klar, hat das mich noch eine gehörige Portion
Mut, einige schlaflose Nächte und immens viel Arbeit gekostet.
Doch ich bin mir sicher, ich wäre heute nicht da, wo ich bin, wenn
mir damals mein persönlicher »Arsch-Engel« keinen so krassen Tritt
gegeben hätte.

Leben mit dem Nötigsten

Bei Silke Jankowski war der letzte Arbeitgeber ihr persönlicher
»Arsch-Engel«. Er übergab ihr die Kündigung und lenkte sie damit
in eine Richtung, die sie zwar wollte, aber sich nicht traute: Komplett
frei und unabhängig zu leben, ohne Arbeitsplatz und festen Wohnsitz.
»Diesen Schubs von außen hatte ich allerdings noch gebraucht«,
erinnert sich Jankowski (Jahrgang 1985) in einem Brigitte-Interview
(23/2015, S. 130), »plötzlich wusste ich, was ich will: Durch die
Welt reisen und mit einem Blog über meine Art zu leben das nötige
Geld verdienen.«

Doch der Reihe nach. In ihrem Blog www.minimalisch.de erzählt Jankowski ihre Geschichte. Dass sie sich mit Anfang zwanzig
noch dem Lebensstil von Familie und Freunden anpasste, bis zur
Selbstaufgabe. Sie rauchte, ernährte sich von Fastfood, shoppte
und feierte – bis sie wegen psychosomatischer Gelenkschmerzen
in eine Naturklinik ging. Dort stellte sie fest, dass sie, wenn sie
gesund werden wollte, auch den Mut aufbringen musste, nach
ihrer Façon zu leben. Schritt für Schritt hat die Minimalistin ihr
Leben umgekrempelt: erst das Studium geschmissen, dann mit
ihrem Freund von einer 100-Quadratmeter-Wohnung in 50 Qua-
dratmeter gezogen, aufgehört zu rauchen und Fleisch zu essen. Das
einzige, was Jankowski noch an ihrem selbstbestimmten Leben
hinderte, war ihr Job in einer Spedition. »Obwohl die Kollegen nett
und meine Aufgaben spannend waren, sträubte sich etwas in mir
gegen die ewig gleichen Bürozeiten, den öden Alltagstrott. Immer
öfter blieb ich mit Migräneattacken zu Hause. Bis mir schließlich
gekündigt wurde.«

Dann war der Weg frei! Ihr Freund entschied sich ebenfalls, seinen
festen Job zu kündigen und gemeinsam fuhren sie in einem alten

Wohnmobil als digitale Nomaden durch Spanien und Frankreich. 2016 tourt das Paar durch Asien, Jankowski schreibt Bücher über ihr Leben mit wenig Geld, das sie mit ihrem Blog verdient. Jankowski ist happy, auch wenn einige ihrer Freundschaften ihre Entscheidung, sich nicht mehr an gesellschaftliche und fremde Lebensgewohnheiten anzupassen, nicht überlebt haben. Diesen Preis musste die Frau bezahlen, deren Motto lautet: Leben mit dem Nötigsten oder »more money for adventures«.

So konsequent wie Silke Jankowski sind nur wenige Arbeitnehmer. Obwohl dem »Engagement-Index 2014« der Unternehmensberatung Gallup zufolge sich nur 15 Prozent aller Beschäftigen in Deutschland in ihrem aktuellen Job »emotional hoch gebunden« fühlen. 70 Prozent gaben an, dass sie sich »emotional gering gebunden« fühlen. Übersetzt heißt das nichts anderes, als dass sie Dienst nach Vorschrift machen, und 15 Prozent haben der Studie zufolge innerlich gekündigt. Klar, eine Arbeit muss einen nicht ständig superglücklich machen und nicht immer taugt sie zur Selbstverwirklichung und Selbstbestätigung. Doch wenn Menschen wie Jankowski spüren, dass der berufliche Alltag sie auf Dauer unzufrieden oder gar krank macht, ist Umdenken und Handeln gefragt. Das untermauert eine repräsentative Umfrage des Meinungsforschungsinstituts YouGov für »Brigitte«, der zufolge 43 Prozent der befragten Frauen und 48 Prozent der Männer glauben, dass sie sich in den nächsten fünf Jahren beruflich verändern werden.

Kündigung machte den Weg frei

Es kann aber auch genau andersherum laufen: Man hat einen tollen Job, alles passt, und dann fliegt man raus. Unverschuldet! Ein knappes Jahr nach dem abrupten Beziehungs-Aus hatte ich über einen früheren Kollegen einen 60-Prozent-Job als Redakteurin gefunden. Ich benötigte einerseits ein sicheres Einkommen für meinen Lebensunterhalt und andererseits wollte ich Kunden akquirieren, mich in neue Themen einarbeiten und mich auf dem Markt bekannt machen. Der nächste Schritt in die Selbstständigkeit. Die Teilzeit-Festanstellung bei einem Bildungsmagazin machte mir großen Spaß, ich hatte nette

Kolleginnen und ins Büro konnte ich entspannt mit dem Fahrrad fahren. Nur dass die Nebenher-Aufträge für mich als freie Journalistin und Autorin nicht so zahlreich eintrudelten wie ich erhofft hatte. Da galt eher das Prinzip »Mühsam ernährt sich das Eichhörnchen«. Doch alles war o.k. und ich machte mir keine Gedanken, bis es in der Redaktionskonferenz plötzlich hieß, das Magazin, für das ich arbeitete, solle vielleicht eingestellt werden.

Flatssschhhh. Diese Info traf mich wie ein Schlag und ich hatte Schweißausbrüche. Hilfe, was mache ich, wenn die mir kündigen? Ich habe doch noch nicht so viele Kunden, dass ich mich zu 100 Prozent selbstständig machen kann! Diese Gedanken schossen mir sofort durch den Kopf! Nach einigen Hin-und-Her-Wochen kam die erlösende Nachricht: Kündigung! Ich empfand die Entscheidung tatsächlich als erlösend, denn nun wusste ich, woran ich war und hatte Klarheit. Denn mit ungewissen Situationen, die ich nicht beeinflussen kann und wo ich praktisch handlungsunfähig bin, komme ich nicht gut zurecht. Kein Wunder, dass ich in der Zeit einen Hörsturz hatte, der mich zur absoluten Ruhe und Untätigkeit zwang. Und das zur Oktoberfestzeit, wo ich doch so gerne auf die Wies'n gehe. Grrr…

Als ich die schriftliche Kündigung hatte, stand der Weg ins Arbeitsamt an. Das Gespräch bei meiner Sachbearbeiterin war ernüchternd und endete mit dem Satz: »Sie sind zu alt und zu teuer.« Super Ansage, ziemlich einfühlend, die hatte ich in der Situation gerade noch gebraucht! Eine erneute Festanstellung in einer Redaktion konnte ich mir abschminken. Was tun? Sie schmunzeln wahrscheinlich schon. Genau, ich machte mich selbstständig – das, was ich immer wollte, nur nicht just in diesem Moment. Doch es half alles nichts. Es war so weit … Wieder ein Wink mit dem Zaunpfahl, der mich aus meiner Komfortzone katapultierte. Ich hatte wie Silke Jankowski meinen persönlichen, arbeitgebermäßigen Arsch-Engel. Und den »charmanten« Schubser von der Arbeitsvermittlerin habe ich noch gebraucht, um mein eigenes Unternehmen zu gründen, als freie Journalistin und Trainerin.

E n d l i c h !

Mein Bedürfnis nach finanzieller Sicherheit und meine vielschichtigen Bedenken, die Selbstständigkeit nicht zu wuppen, hinderten mich lange, diesen Schritt zu tun. Mit solch einer bremsenden Mixtur hatte ich nicht allein zu kämpfen. Das zeigt der Global Entrepreneurship Monitor (2015), der weltweit die unternehmerischen Aktivitäten abfragt. Von 4000 Befragten in Deutschland begründete die Hälfte ihre fehlende Gründungsbereitschaft mit der Angst vorm Scheitern! Internationale Studien untermauern Mario Geißler zufolge dieses Ergebnis: »In Deutschland ist die Angst zu scheitern und Fehler zu machen, noch immer recht hoch«, erklärt der Juniorprofessor für Entrepreneurship in Gründung und Nachfolge an der TU Chemnitz.

Bedenken zu scheitern sind das eine, tatsächlich eine Firma in den Sand zu setzen, ist noch mal eine ganz andere Nummer. Und das offen zuzugeben, dazu gehört eine große Portion Mut. Inzwischen gibt es in einigen Städten (Berlin, Hamburg, Hannover, Dresden, Stuttgart) sogenannte »Fuck-up-nights« (FUN) in Bars oder Clubs, bei denen gescheiterte Gründer offen über ihre Misserfolge sprechen. Ihre Pleiten, Pech und Pannen eingestehen und in kurzen Vorträgen über ihre individuellen »Fuckups« berichten. Die Initiatoren wollen damit zeigen, dass Rückschläge nicht mit Unfähigkeit gleichzusetzen sind, sondern den Betroffenen einen Lernschritt ermöglichen, es beim nächsten Mal anders oder besser zu machen. Und dass Scheitern normal ist und zum Geschäft gehört.

Vom Formel-1-Rennwagen in den Rollstuhl

Nicht nur Leute wie Sie und ich werden mit Situationen konfrontiert, die ihr Leben auf den Kopf stellen. Das Schicksal macht auch vor VIPs nicht halt. Dem Rennfahrer Alessandro Zanardi wurde ein »Berufsunfall« zum Verhängnis: Bei einer Kollision auf dem »Lausitzring« verlor der Formel-1-Pilot bei der Boxenausfahrt am 15. September 2001 die Kontrolle über seinen Rennwagen. Sein Kollege Alex Tagliani konnte nicht mehr ausweichen. Es krachte. Zanardi wurde mehrmals wiederbelebt, hat beide Beine oberhalb der Knie verloren. Er kämpfte sich zurück ins Leben. Mehr noch: 15 Jahre später gewann der doppelt beinamputierte Italiener bei den Paralympischen Spielen in Rio de Janeiro 2016 mit dem Handbike drei Medaillen (zweimal Gold, einmal Silber) und ist Markenbotschafter für BMW. »Damals schien es so, als hätte der Unfall mein Leben zum Schlechten gewendet. Nach dem Unfall habe ich mehr Zeit, Energie, Hingabe und Leidenschaft investiert als je zuvor. Es ist keine Übertreibung zu sagen, dass der Unfall mir sogar Möglichkeiten eröffnet hat«, sagte er in einem Interview mit der Münchner Abendzeitung. »Ich weiß, der Unfall lässt sich nicht mehr rückgängig machen. Er ist Teil meines Lebens, ein Ereignis, das mein Leben verändert hat. Ich fühle mich eher glücklich, den Unfall überlebt zu haben, als dass ich mir wünsche, es wäre nie geschehen.« Der Italiener erinnerte sich in der Zeit nach dem Unfall immer wieder an einen Satz seines Vaters, der meinte, dass jeder Tag einem Menschen eine neue Möglichkeit bietet, etwas zu tun oder zu verändern. Eine Einstellung die hilft, Hindernisse zu überwinden und Berge zu bewegen. »Irgendwann kommt der Tag, an dem dir eine Medaille um den Hals gehängt wird und jeder sagt dir, du bist ein Phänomen und eine Inspiration. Das wärmt mein Herz.«

Wachstumsschmerz oder die Kunst des Überlebens

Auch die norwegische Sängerin Maria Mena (Jahrgang 1986) kann von persönlichen Höhen und Tiefen ein Lied singen – schwierige Kindheit, Essstörungen, Depressionen. Ein turbulentes Jahr mit Scheidung verarbeitete sie in dem Ende 2016 erschienenen Album »Wachstumsschmerz«. Gezwungenermaßen musste die in Oslo geborene Popmusikerin und Songwriterin lernen allein zu sein, nach Auftritten abends in eine leere Wohnung zu kommen und irgendwie mit ihren verletzten Gefühlen zurecht zu kommen. »Ich glaube nicht, dass ich je wieder die Alte sein werde, aber ich weiß jetzt, dass ich die Fähigkeit habe, zu überleben, und das hat mich für immer verändert«, berichtete sie in der Münchner Abendzeitung.

Ihr Lebens-EKG

Welche Hochs und Tiefs haben Sie in Ihrem Leben schon überstanden? Welche Arsch-Engel gab oder gibt es derzeit in Ihrem Leben?
Wie haben Sie sich gefühlt? Und was wurde angestoßen?

 **Wie sieht Ihr Lebens-EKG aus?**

Zeichnen Sie Ihr Lebens-EKG:

a) Sie benötigen ein mögliches großes, weißes Papier. Zeichnen Sie
   eine waagrechte Linie – das ist die Zeitleiste. Links an der Zeitleiste, zeichnen Sie senkrecht dazu eine Linie für Freude/Energie
   (oberhalb der Zeitachse) und Missmut/Depression (unten).

b) Entscheiden Sie, was Ihr Lebens-EKG zeigen soll: Das gesamte
   Leben, Ihr Privatleben oder die berufliche Entwicklung. Und jetzt
   legen Sie fest, welchen Zeitabschnitt Sie betrachten möchten:
   etwa 10 oder 15 zurückliegende Jahre und vielleicht drei Jahre
   in die Zukunft.

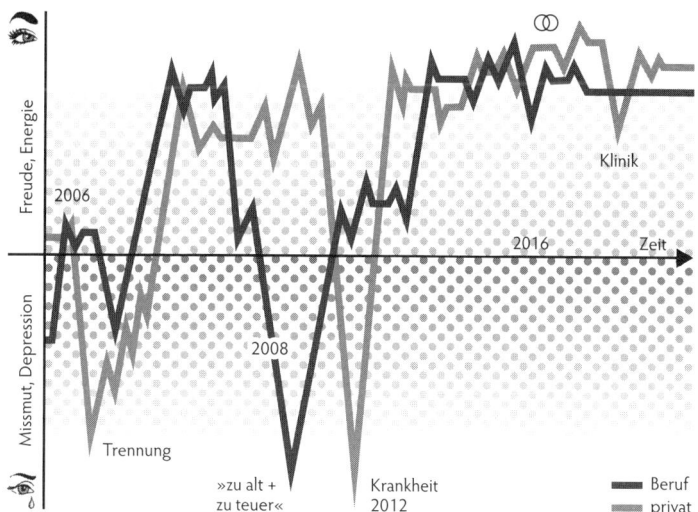

Ein Lebens-EKG: Höhen und Tiefen im Verlauf der vergangenen Jahre.
(nach: Buchacher/Wimmer 2010)

c) Lassen Sie dann die Jahre Revue passieren und zeichnen Sie Ihr Lebens-EKG – mit allen Höhen und Tiefen. Lassen Sie sich Zeit! Wagen Sie auch die Prognose auf die vor Ihnen liegenden Jahre. Wenn Sie Beruf und Privates zeichnen, sollten Sie zwei Farben wählen – dann wird das Lebens-EKG übersichtlicher.

d) Sie können nun an den »Ausschlägen« Ihres Lebens-EKG Stichworte notieren oder Symbole zeichnen.

e) Schauen Sie sich dann Ihr EKG an. Sie können es natürlich auch gerne mit jemand Vertrautem besprechen, wenn Sie mögen. Was haben die Höhen und Tiefen damals bedeutet? Wie sind Sie aus den Tiefs wieder herausgekommen? Gibt es eine Tendenz oder wiederkehrende Muster? Ist die Zukunftsperspektive eine Verlängerung des Bisherigen oder streben Sie Neues an?

Freiwillig und gezielt Veränderungen anstoßen

Einbruch, Überfall, Scheidung, Unfall, Job-Kündigung: äußerliche Anlässe und Gegebenheiten zwingen uns, uns neu zu sortieren, Altes loszulassen und neue Wege zu gehen. Ob wir wollen oder nicht. Daneben gibt es natürlich auch »innerliche« Entwicklungsprozesse, die uns zeigen: Es muss sich etwas ändern! Sie dauern Monate oder gar Jahre – und äußern sich als Bauchgrummeln, schlechte Laune oder Dünnhäutigkeit. Oft sind die Gefühle gar nicht eindeutig zu beschreiben. Eine Coaching-Klientin beschrieb es so: »Man spürt, dass da was ist. Aber nicht, was es genau ist, was einen so umtreibt und stört.«

Anstoß zur Veränderung muss kein gravierendes Thema sein. Es reicht ein mieses Gefühl oder eine lästige Routine, um uns zum Nachdenken zu bringen. Ich gehe zugegebenermaßen gerne shoppen. Nicht gerade in der Neuhauser Straße in München – der beliebten Fußgängerzone mit unzähligen Läden zwischen Marienplatz und Stachus –, die ist mir einfach zu voll. Doch es gibt ja viele andere reizende Städte in Deutschland, Italien oder sonst wo auf der Welt. Von den Märkten in Thailand, Laos oder Peru ganz zu schweigen. Da ich auch gern in Tageszeitungen, Fachzeitschriften oder Frauen-Magazinen blättere, fielen mir immer wieder Berichte über die Herstellungswege und -kosten von Kleidung, unzumutbaren Bedingungen für Stofffärber und Näherinnen in den produzierenden Ländern auf. Hmmmm. Und dass die großen Modemarken ihre Kollektionen in immer kürzer werdenden Abständen in die Läden bringen. Dass T-Shirts für einen Ladenpreis von zehn Euro nicht umweltschonend produziert und Näherinnen nicht adäquat bezahlten werden können, liegt eigentlich auf der Hand. Lange Zeit sah ich darüber hinweg. Wenn ich ein Kleid, eine Hose oder Bluse haben wollte, habe ich sie einfach gekauft. Ohne schlechtes Gewissen.

Irgendwann kam der Punkt, wo ich dachte, aus, Schluss, vorbei. So will ich nicht weitermachen. Ich traf eine Entscheidung und lud mich selbst zu einem Experiment ein: 2015 wird das Jahr ohne Shopping! Ich habe mich mal wieder an Pippi Langstrumpf orientiert, die sagte: »Das habe ich noch nie vorher versucht, also bin ich völlig sicher, dass ich es schaffe.« Anfangs fühlte sich das reichlich komisch und merkwürdig an. Ich stand manchmal in Kaufhäusern oder Boutiquen, stöberte die Kleiderständer durch, probierte einzelne Stücke – bis ich mich an meinen eigenen Vorsatz erinnerte und mir sagte: »Hey Heidi, du kaufst doch gar nichts dieses Jahr!« Diese Momente wurden immer weniger, bis ich nur noch Schaufenster-Schauen betrieb, um mir Anregungen zum Stylen meiner im Schrank vorrätigen Garderobe zu holen. Und zwar mit Genuss – ohne das Gefühl, etwas zu versäumen oder modisch nicht mehr up-to-date zu sein. Im Gegenteil: Ich hatte mehr Zeit, war entspannter und nicht genervt von vollen Läden oder faustgroßen Wollmäusen in Umkleidekabinen. Zwei Ausnahmen genehmigte ich mir 2015: Meine alten, ausgelatschten Joggingschuhe bekamen ein Nachfolgermodell, genauso wie die undichte Regenjacke fürs Fahrradfahren. Mein Fazit nach dem Shopping-Verzicht-Jahr: Super, ging leichter als gedacht, war nur Gewöhnungssache. Ich bin trotz Konsumverzicht nicht unglücklich gewesen, eher zufriedener und stolz, dass ich das geschafft habe. Obwohl einige Freundinnen das stark bezweifelt hatten.

Auch wenn ich inzwischen nicht mehr so super konsequent bin, habe ich mir gewisse Verhaltensweisen erhalten: Jedes neue Klei-

dungsstück wandert inzwischen mehrmals durch meine Hände, eh
ich zur Kasse gehe. Spontankäufe habe ich mir abgeschminkt. Mein
ökologisch-schlechtes Gewissen hat sich relativiert. Und ich freue
mich, dass ich nicht mehr zur durchschnittlichen Trägerin von 40
bis 70 Kleidungsstücken gehöre und den Rest links liegen lasse.
Statt nach neuen Stücken suche ich in meinem Schrank nach alten
Lieblingen, die ich miteinander kombiniere. Sollten Sie männlichen
Geschlechts sein und gerne in Elektronikmärkten stöbern – dann
sind auch Sie in guter Gesellschaft! 60 Prozent der Elektrogeräte, die
hierzulande ersetzt werden, laufen oder funktionieren noch einwand-
frei! Darauf wies die Historikerin Sabine Donauer bei einem Vortrag
am 10. Oktober 2016 in Köln zum Thema »Mit Leidenschaft bei
der Sache – Die Geschichte der Arbeitsgefühle im 20. Jahrhundert«
hin. Auch in diesem Bereich wäre also optimiertes Käuferverhalten,
im Sinne von Nachhaltigkeit, wichtig.

Warum scheitern unsere Vorsätze, etwas zu ändern, uns anders
zu verhalten, so oft? Wir Menschen sind nun mal Gewohnheitstiere, unser Gehirn mag keine großartigen Umstellungen, denn alles
Neue kostet erst einmal viel Energie. Experten schätzen, dass rund
50 Impulse oder Anregungen nötig sind, bis sich jemand tatsächlich
einen professionellen Coach sucht, obwohl er oder sie schon lange
unglücklich ist und nicht weiß, wie er seine Lage verbessern kann.
Erst wenn der Leidensdruck groß genug ist und unzählige Gespräche
mit vertrauten Personen nichts gebracht haben, gehen wir unsere
»Baustellen« an. Im günstigsten Fall.

Klar, es gibt auch Leute, die von heute auf Morgen ihr Leben
komplett ändern. In Zeitschriften, im Fernsehen oder auf Facebook finden sich davon viele Beispiele, Journalisten mögen solche
ungewöhnliche Lebensgeschichten. Weil sie eben so anders sind als
die von Otto Normalverbraucher. Hand aufs Herz: Wäre das was
für Sie? Für mich definitiv nicht. Ich benötige mein Umfeld, mein
Zuhause, meine Gewohnheiten. Doch ich habe auch das, was ich
will und bin sehr zufrieden. Mann, Wohnung, Job, Freunde und
Hobbys.

Veränderung folgt einer typischen Kurve

Veränderung ist notwendig für die persönliche Entwicklung beim
Menschen – so wie die Metamorphose bei Schmetterlingen nötig
ist. Die Falter müssen sogar durch eine Raupengulasch-Phase, wenn
sie fliegen wollen. Manchmal bietet das Leben uns Überraschungen.
Neue Situationen, Umstände und Gegebenheiten kommen aus dem
Nichts und treffen uns mit voller Wucht – Veränderung wird uns
aufgezwungen. »Unverhofft kommt oft«, nennt das der Volksmund.
Manchmal sind wir selbst die Initiatoren für Wandlung und Entwicklung: Wenn wir unseren Erfahrungshorizont erweitern wollen,
stoßen wir Veränderungen gezielt an. Manch einer traut sich nicht,
etwas anders zu machen oder neue Wege zu gehen, andere fürchten
sich vor dem »Tal der Tränen«.

Vielleicht haben Sie schon einmal von diesem »Tal der Tränen«
gehört oder darüber gelesen. Es ist Bestandteil von Veränderungsprozessen, die fast immer demselben Muster folgen. Egal ob es sich um
das Ende einer Beziehung, um Kündigung, Ausfall eines wichtigen
Geschäftspartners oder Lieferanten handelt. Keine Phase kann dabei
ausgelassen oder übersprungen werden. Beim so genannten Change-
Management wird die Veränderungskurve gern benutzt, um mögliche
Reaktionen von Führungskräften und Mitarbeiterinnen vorherseh-
bar zu machen und entsprechende Vorkehrungen zu treffen. Auch
Einzelunternehmer oder Freiberufler kennen die Mechanismen, die
kurzzeitig alles durcheinanderbringen können. Entwickelt wurde
das Modell von Elisabeth Kübler-Ross in der Trauerforschung und
-bewältigung. Inzwischen finden sich in der gedruckten Literatur
und im Internet vielfältige Varianten.

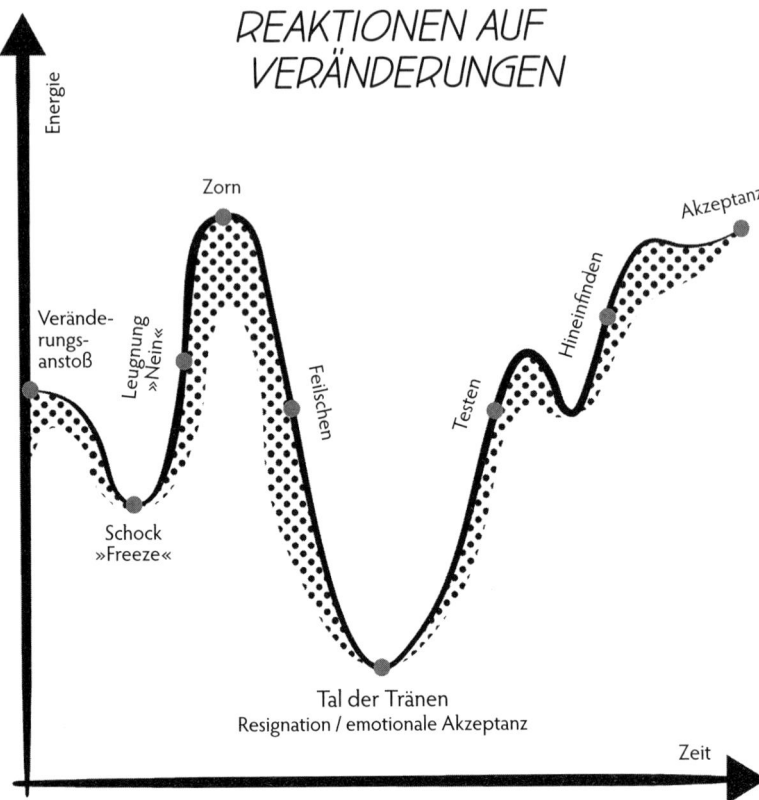

Veränderungskurve:
Die horizontale Achse gibt den Zeitverlauf an, die vertikale spiegelt die
Gefühle, das Leistungsvermögen bzw. Wohlbefinden wider. Je nachdem, in
welcher Situation sich die Betroffenen befinden und mit welchem Thema
sie sich auseinandersetzen müssen.

© Heidi Wahl 2017

Cynthias Angst vor dem Zahnarzt

Schauen wir uns die unterschiedlichen Phasen des Analyse- und
Erklärungsmodells anhand des Beispiels einer früheren Kollegin
einmal genauer an. Sie vermeidet Zahnarztbesuche. Vielleicht
kennen Sie solch ein Verhalten von sich oder Bekannten und
können das gut nachempfinden. Ich gehe auch nicht gerne zum
Dentisten meiner Wahl, obwohl er fachlich und menschlich wirk-

lich spitzenmäßig ist. Trotzdem absolviere ich seit Jahrzehnten alle sechs Monate die Kontrolluntersuchungen, und nur ganz selten findet er etwas. Glücklicherweise. Besagte Kollegin – nennen wir sie Cynthia – war seit zehn Jahren nicht mehr beim Zahnarzt! Bei ihrem letzten Besuch bekam sie eine Prothese. Die Behandlung war schwierig, langwierig und es gab Komplikationen. Sie können sich vorstellen, dass ihre Angst vor einem erneuten Zahnarztbesuch in all den Jahren stetig gewachsen ist. Dazu kommt ein Schamgefühl, mit noch nicht einmal 50 Jahren eine Prothese zu haben und die Befürchtung, dass sie ihr beim Sprechen irgendwann mal aus dem Mund fällt. Daher hat Cynthia natürlich auch nur mit zwei Personen darüber gesprochen. Ich erfuhr nur durch Zufall davon, und auch dieses Gespräch fand schnell ein Ende. Meinem Vorschlag, doch vielleicht diese panische Angst mit einem Therapeuten oder einem Coach zu besprechen bevor der nächste Zahnarzttermin ansteht, ist sie ausgewichen.

Erst der Schock, dann folgt der Widerstand

Doch eines Tages kam der Tag der Tage: Cynthia bemerkte beim Frühstück, dass irgendwas mit ihren Zähnen und der Prothese anders war als gewöhnlich. Schnell stellte sie fest, dass ein Zahn locker war, und zwar ausgerechnet der, auf dem die Prothese saß. Sie können sich vielleicht vorstellen, was für einen S c h o c k ihr das versetzte! *(Kurve geht nach unten)*. Denn sie wurde mit einer Situation konfrontiert, von der sie wusste, dass sie ihr zu schaffen macht, vor der sie Angst hat und die sie vor allem nicht im Griff hat und nicht steuern kann. Danach folgte als Reaktion die V e r n e i n u n g der Tatsache (Zahn wackelt, Prothese ist locker): Sätze wie »Das kann noch nicht sein!«, »Ich habe mich sicher geirrt« oder »Der wackelt doch gar nicht!« sind ganz typisch für die Phase. Verneint werden auch die Konsequenzen bzw. die nötigen Schritte daraus – Terminvereinbarung und konkreter Gang zum Zahnarzt – zugunsten der Hoffnung, sich doch noch irgendwie der unangenehmen und belastenden Situation entziehen zu können. »Ist es wirklich nötig?« oder »Ich warte lieber noch ab, das gibt sich sicher wieder« geht Betroffenen durch den Kopf. Die Gefühlskurve geht nach oben, da die Tatsache verdrängt, ausgeblendet

oder kleingeredet wird. Doch diese Strategien funktionieren nur
eine Zeit lang, denn der Zahn wackelt weiter – wie verschiedene
»Untersuchungen« mit Finger und Zunge zeigen.

Es folgt eine W i d e r s t a n d s p h a s e, die Gefühlskurve
sinkt. Dabei geht es darum, sich auf neue Dinge oder Situationen
einzulassen oder alte Gewohnheiten abzustellen. Ausgangspunkt
ist bei unserem Beispiel die Feststellung von Cynthia: »Shit, der
Zahnarztbesuch muss sein, es geht nicht anders, es gibt keine
Alternative.« Fragen wie »Bin ich der Situation und den Anfor-
derungen gewachsen?« oder »Schaffe ich das?« tauchten bei ihr
auf. Bei anderen Personen macht sich in dieser Phase die Überzeugung breit: »Es ist auch gut so, wenn ich das Thema angehe.«
Für manche Menschen fühlt sich diese Phase extrem lang und
emotional äußerst belastend an. Daher »Tal der Tränen«.

Kein Weg führt dran vorbei, am Tal der Tränen

Der emotionale Widerstand wird von den Betroffenen als Ärger,
Wut, Frustration, Aggression oder auch Verzweiflung erlebt. Und
in vielen Situationen fließen die Tränen. Der entscheidende Punkt
ist erreicht, wenn die Einsicht kommt, dass der Wandel notwendig ist und kein Weg daran vorbeiführt. Für einige Menschen
fühlt sich diese Tiefpunkt-Phase extrem lang an, wo sich nichts
bewegt. Erst wenn das » T a l d e r T r ä n e n « durchschritten ist,
also gedanklich und emotional der Widerstand verarbeitet und
akzeptiert ist, steigt die Gefühlskurve wieder an. Vergleichbar ist
dies mit einer verpuppten Raupe, die regungslos in ihrem Kokon
in der Kälteruhe liegt, und wenn die ersten Sonnenstrahlen nach
dem Winter die Luft erwärmen, dann geht die Entwicklung weiter
zum Schmetterling.

Der Betroffene p r o b i e r t nach der Überwindung des
Tiefpunkts neue Verhaltensweisen und lässt sich darauf ein.
Natürlich fühlt er oder sie sich noch unsicher, klar, man begibt
sich auf dünnes Eis. Es geht darum, Alternativen durchzuspielen,
zu testen – wieder und immer wieder. Man könnte auch sagen,
man lernt dazu. Denn irgendwann werden die neu eingeübten
Verhaltensmuster und Handlungsvarianten verinnerlicht und
können dann ohne groß nachzudenken abgerufen werden. Der

Volksmund sagt, »sie gehen in Fleisch und Blut über«. In der Phase der A n p a s s u n g läuft natürlich nicht alles wie geschmiert, es passieren Fehler, da die neu erworbenen Kompetenzen nicht immer und in jeder Situation funktionieren.

Wie war das bei Cynthia? Sie konnte in den Nächten vor dem Zahnarzttermin kaum schlafen, mit langen Spaziergängen versuchte sie sich abzulenken und mit Hilfe einer CD absolvierte sie Entspannungs- und Atemübungen. So hat sie die Untersuchung und Behandlung »irgendwie überlebt«. Sie hat neue Lösungswege – Entspannungs- und Atemübungen – ausprobiert und gemerkt, dass sie funktionieren. Vor den nächsten Zahnarztbesuchen hat Cynthia diese E r k e n n t n i s genutzt und sich dank der Übungen und der damit verbundenen neuen Kompetenz sicherer und entspannter gefühlt. Die Gefühlskurve steigt an, kleine positive Effekte der Veränderung sind spürbar.

In der C o m m i t m e n t - P h a s e verfestigen sich die persönliche Zufriedenheit und das Selbstvertrauen, ein positives Grundgefühl macht sich breit. Viele Menschen fragen sich am Ende des Veränderungsprozesses: »Wieso hab ich das nicht schon früher anders gemacht?«

Individuell: Tiefe und Dauer des Prozesses

Manchmal stecken Betroffene zwischen zwei Phasen fest, wechseln zwischen Phasen hin und her oder fallen wieder in eine frühere Phase zurück. Wie lange die Veränderungskurve dauert und wie stark diejenigen von ihren Gefühlen »gebeutelt« werden in den emotionalen Hoch- und Tiefphasen, ist individuell verschieden und nicht vorhersagbar. Je nach den persönlichen Erfahrungen und der Grundhaltung wird der Prozess erlebt: Wer Lust auf Wandel und Neues hat, offen und mutig ist und meint, dass Veränderungen immer etwas Positives mit sich bringen, geht durch den Prozess schneller, und die Ausschläge der Stimmungen sind meist weniger drastisch. Wer jedoch am liebsten alles beim Alten lässt und Veränderungen als bedrohlich oder nicht machbar empfindet, macht natürlich ganz andere Erfahrungen.

Außenstehende nehmen das Wechseln zwischen zwei Phasen oft als »Herumgeeiere« wahr – »Der Kunde weiß ja überhaupt nicht, was er will« oder »Meine Kollegin ist nicht berechenbar. Heute geht es ihr gut und morgen ist sie geknickt.« Halten die dramatischen Achterbahnfahrten Wochen oder gar Monate an, fühlen sich Freunde und Bekannte hilflos und kommen an ihre Grenzen, sind mit ihrem Latein am Ende. Jegliche Unterstützungsmaßnahmen – Vorschläge, Empfehlungen, Trösten, gut zureden, Ablenken – bringen keine tiefgreifende Besserung. Cynthia beispielsweise fiel aus der Anpassungs-Phase immer wieder in das »Tal der Tränen« zurück. Sie brachte die einzelnen Zahnarzttermine mit Entspannungsübungen und Ablenkungen jeglicher Art zwar irgendwie hinter sich, dennoch waren das sehr belastende Wochen. Denn das eigentliche Problem löste sich nicht in Luft auf: ihre Angst vor Ärzten.

Unsere inneren Antreiber geben Energie

Beim werdenden Schmetterling, der Raupe im Kokon, geben die Umweltbedingungen die entscheidenden Impulse für den letzten Entwicklungsabschnitt: Wenn am Ende der kalten Jahreszeit die Tage länger werden und die Temperaturen steigen, setzt dies den Stoffwechsel der Puppe in Gang und der Umbau der Organe und des Aussehens beginnt.

Bei uns Menschen lösen auch äußere Gegebenheiten Veränderungsprozesse aus. Das hatte ich ja bereits erwähnt. Ebenso können wir freiwillig und geplant Dinge umwerfen, uns ganz bewusst für Handlungsalternativen entscheiden, unserem Leben eine Wende geben: Was wir bislang so und so gemacht haben, können wir morgen ganz anders erledigen. Prinzipiell haben wir alle Freiheiten dieser Welt und können gezielt Entscheidungen treffen, Projekte vorbereiten sowie durchführen.

Wir haben jedoch noch weitere Impulsgeber, die unser Verhalten und unser Handeln steuern: Das sind die sogenannten Antreiber. Das Antreiber-Konzept stammt aus der Transaktionsanalyse, sie wurde vom US-amerikanischen Psychiater Eric Berne (1910–1970) begründet und weiterentwickelt etwa von Taibi Kahler, Reinhard Köster, Bernd Schmid und Joachim Hipp. Hinter den inneren Antreibern stecken häufig unbewusste Lebensregeln und Verhaltensmuster, die

bereits im Kindesalter entstanden sind: Als Reaktion in Befehlsform
(»Sei stark«) auf die Ansprüche und Erwartungen von Eltern, Lehrern
und anderen Bezugspersonen. Und die wir auch als Erwachsene beibehalten. Sie steuern unser Denken, Fühlen und Handeln automatisch.
Vornehmlich in besonders anspruchsvollen Gesprächskonstellationen
und Momenten tauchen sie dann auf.

Es gibt fünf typische Antreiber: Sei stark, Sei perfekt, Mach es
allen recht, Beeil dich und Streng dich an. Wie sie sich im Alltag
bemerkbar machen, »demonstriere« ich Ihnen an einigen Beispielen,
ein paar Absätze später. Die inneren Antreiber geben uns Energie,
Durchhaltevermögen, Disziplin und Auftrieb. Sie motivieren uns
täglich, das zu tun, was wir müssen und wollen – etwa mit Hingabe und Ausdauer unseren Hobbys zu frönen oder die beruflichen
Aufgaben zu erfüllen. In ruhigen Zeiten bringen uns die Antreiber
vorwärts, geben Impulse und lassen Ideen sprudeln. Sie helfen, in
Durststrecken durchzuhalten, am Ball zu bleiben, nach vorne zu
schauen. Doch sie haben einen Nachteil: Unter Belastung, wenn
wir in Zeitdruck sind oder ein schwieriges Gespräch führen müssen, verselbstständigen sie sich. Wir haben keinen Zugriff mehr
auf unseren Neokortex, unsere logisch-analytisch arbeitende Groß-
hirnrinde. Wir reagieren nur noch, automatisierte Verhaltensweisen
werden abgerufen. Und was machen unsere Antreiber? Sie wittern
die Chance, werden aktiv, überaktiv und veranlassen uns zu Sätzen,
Kommentaren oder Taten, die wir hinterher als unangemessen oder
blöd empfinden.

Die vielfältigen, oft miteinander verschlungenen oder kon-
kurrierenden Antreiber sind die Ursache von Reibereien mit dem
Ehepartner, der Chefin, von erfolglosen Bewerbungen oder Akqui-
segesprächen, die uns beschäftigen: stundenlang, tagsüber, nachts,
über Wochen oder gar Monate. Doch kaum jemand weiß, wie viele
Antreiber er eigentlich sein eigen nennt und wie sie alle heißen. Ein
Antreiber-Test zeigte auch Rosi Z. ganz konkret, welche inneren
Antreiber bei ihr aktiv sind.

Rosi Z. ist Ingenieurin, Berufserfahrung, zig Fortbildungen. Sie
hatte sich intern für eine neue Stelle beworben und sich große Hoff-
nungen gemacht. Ihr Vorgesetzter, mit dem sie auch privat verkehrt,
unterstützte sie bei ihrem Vorhaben und meinte: »Das müsste mit

dem Teufel zugehen, wenn du den Job nicht bekommst!« Doch leider
war es genauso. Rosi war enttäuscht, aufgebracht, gekränkt. Nicht
nur, weil sie trotz ihrer Qualifikationen eine Absage bekam, sondern
weil ihr Chef ihre Nachfragen nicht beantwortete und ihr aus dem
Weg ging. Nicht die feine Art! Insbesondere wenn man befreundet
ist. »Und jetzt bekommt eine Kollegin den Job, die nicht im Ent-
ferntesten an mich, an meine Erfahrung und meine Ausbildungen
herankommt!« Rosis Welt hat einen tiefen Riss bekommen, ihr
Selbstbewusstsein hat gelitten. Gefühlsmäßig fährt sie Achterbahn
– Demütigung, Frust, Enttäuschung. Sie klagt über mangelnde Gerechtigkeit und Fairness, missbrauchtes Vertrauen und unmögliches
Kommunikationsverhalten von Chef und Personalabteilung. Warum
reagiert sie emotional so stark? Ganz klar, ihre Antreiber »Sei perfekt«,
»Sei stark« und »Mach es allen recht« blieben bei der Bewerbung auf
der Strecke. Die Basis ihres Verhaltens wurde missachtet, ihr Kokon
von Fressfeinden angeknabbert. Vor ihrem inneren Auge tauchte das
Schild »Lebensgefahr« auf.

Kleinigkeiten bringen Perfektionisten gehörig durcheinander

Es sind viele kleine Momente, harmlose Kleinigkeiten, die wie lauter kleine Kieselsteine täglich unter unseren Füßen knirschen. Und
je länger wir die Stolpersteine ignorieren oder ihnen ausweichen,
entwickelt sich aus der sprichwörtlichen Maus ein Elefant! Kennen
Sie solche Situationen? Bestimmt! Für Frauen wie mich, die ein
ausgeprägtes Streben nach »Sei perfekt« haben, ist folgende Situation
eine mittlere Katastrophe: Per Post kommt eine Mahnung. Nicht
gezahlte Summer: 29,95 Euro. Die 29 Euro sind nicht das Problem,
sondern dass ich an mir zweifle, an meinem vielleicht unperfekten
Verhalten. Nicht irgendjemand gegenüber, sondern die Forderung
kommt von einem meiner Hauptkunden. Obwohl ich mir eigentlich sicher bin, dass ich die Bücher-Rechnung bezahlt habe, komme
ich ins Grübeln. Mein Antreiber »Sei perfekt« wird aktiv. Was war
geschehen? Bei einer Tagung hatte ich kurz vor Veranstaltungsende
noch kurzentschlossen drei Bücher am Bücherstand mitgenommen.
Ich war mir sicher, dass ich die auch bezahlt hatte. Bar. Doch dann
bekam ich die Mahnung, und plötzlich war ich mir doch nicht mehr

so sicher! Mein Antreiber »Sei perfekt« rumort und kollidiert mit dem Antreiber-Kollegen »Mach es allen recht« in Form von Gedanken wie »Sei nett mit deinem Kunden, mach keinen Ärger, sonst bekommst du keine Aufträge mehr«. Hmm, was tun? Anrufen beim Kunden oder einfach die Mahnung bezahlen? Ich habe mich für Ersteres entschieden. Doch der Ansprechpartner ist krank. Zwei Wochen später immer noch und weitere zehn Tage später ist er in einem Meeting. Der Vorgang wandert auf meinem Schreibtisch von einer Ecke in die andere. Mein vierter Anruf bringt die Wendung. Ausgerechnet die Frau, die dafür hundertprozentig nicht zuständig ist, kümmert sich: die Frau in der Telefonzentrale! Sie legt sich mächtig ins Zeug, recherchiert und klärt den Fall auf wie eine Detektivin. Und siehe da, ihre Kollegin hat sich erinnert, dass ich die Rechnung bezahlt hatte. Vorgang erledigt, Mahnung landet im Papierkorb. Und was habe ich daraus gelernt? Unangenehmes sollten insbesondere perfektionistisch Veranlagte sofort erledigen – wie die allseits zitierte Drei-Minuten-Regel vorgibt. Sie kennen die nicht? Sie besagt, dass Sie alles sofort tun sollen, was Sie innerhalb von etwa drei Minuten erledigen können, ohne Wenn und Aber, weil das das Leben leichter macht! Probieren Sie es aus! Ich habe damit gute Erfahrungen gemacht. Menschen mit dem Antreiber »Beeil dich« muss man das nicht extra empfehlen: Sie befinden sich damit in ihrer absoluten Wohlfühlzone, in ihrem Kokon.

Auch wenn die Gefahr besteht, erkennen zu müssen, dass man einen Fehler gemacht hat. Und einen Fehler zuzugeben, ist ja immer ein super peinlicher und emotional schwieriger Moment, weil wir da mit unserer eigenen Unfähigkeit und Fehlbarkeit konfrontiert werden, die nicht nur für Perfektionisten undenkbar ist. Einher geht damit auch immer die Befürchtung, dass wir vor anderen unser Gesicht verlieren und uns fragen, »Was denken die anderen über mich?« Doch nur, wenn wir unsere Einschätzung, unsere »falsche« Sicht auf Dinge, Menschen und Fälle erstens erkennen und zweitens revidieren, kommen wir weiter.

Das ist wirklich nicht einfach und zeigt sich schön am Beispiel von Lisa, der Frau, die immer unter Zeitdruck ist. Ihr Hauptantreiber, ihr Motto: »Beeil dich«. Im Seminar sagt die quirlige, offene Frau mit dem gewinnenden Lachen über sich: »Ich bin immer in Eile.«

Kein Wunder: Lisa hat zwei Kinder, ein Haus, einen Job und sie kümmert sich um alles. Wirklich um alles. Sogar darum, dass ihr Mann nicht zu sehr gestresst wird. Ja, Sie haben richtig gelesen. Sie betont nach der Mittagpause mehrfach, dass sie pünktlich um 16.30 Uhr gehen müsse, weil sie die Kinder vom Hort abholen und sie dann ihrem Mann übergeben müsse. »Wenn ich zu spät bin, gerät mein Mann unter Druck.« Das sollte auf keinen Fall passieren, sie hält ihrem Mann den Rücken frei, lieber komme sie zu spät zum Walking-Training. Hinter solch einer Aussage verbirgt sich der Antreiber »Mach es allen recht«. Und dieser Antreiber ist einer der Hauptakteure eines Corazon-Typs (vgl. Kapitel 3).

Lisas Antreiber »Beeil dich« und »Mach es allen recht« haben sich zudem mit dem Kollegen »Sei perfekt« verbrüdert. Was kommt dabei heraus? Lisa legt bereits am frühen Morgen die Kleidung ihrer Tochter zurecht. Hmm, wieso denn das? »Weil mein Mann das nicht so gut kann. Ich weiß, was gut zusammenpasst und was sich bei welchem Wetter bewährt hat.« Als ich sie frage, was denn passieren würde, wenn sie morgens nicht Kleid, Strumpfhose und Schuhe für ihre Tochter zurechtlegen würde, antwortet sie wie aus der Pistole geschossen. »Wahrscheinlich nichts«. Aha. Was hält sie dann davon ab, das weiterhin zu tun? Schweigen. »Sie trauen also ihrem Mann nicht zu, dass er das Mädchen richtig anzieht?« »Ja, nein. Ich weiß auch nicht. Doch das könnte er schon.« Wenn sie ihn denn ließe. Doch genau in dem Moment kommt ihr Antreiber »Sei perfekt« gepaart mit seinem Kumpel »Sei stark« um die Ecke. Und weil sie ja ständig im Zeitdruck ist, angetrieben von »Beeil dich«, bemerkt sie dieses Konglomerat gar nicht. Selbst im Seminar schafft es Lisa nicht, sich mit ihrem Verhalten auseinanderzusetzen. Zu reflektieren, was sie eigentlich so tagtäglich treibt. Typische Situation von: Mein Kokon, mein Biotop.

Klar könnte sie sich das Leben leichter machen. Doch dazu müsste sich die Seminarteilnehmerin trauen, künftig etwas anders zu machen. Sich zu fragen, wie sie ihren Zeitdruck abmildern könnte. Was sie dafür tun müsste und wer sie unterstützen könnte. »Es gibt niemanden.« Aha. Und mit ihrem Mann reden. »Hmm, könnte ich prinzipiell machen. Doch der ist selbst immer so angespannt!« An diesem Punkt beißt sich die Katze in den Schwanz. Es geht nicht vorwärts, nicht rückwärts. Lisa ist in ihrem Kokon gefangen. Solange der Leidensdruck nicht größer wird und sie weiterhin »nur« unter Zeitdruck ist, wird nichts passieren. Dafür sorgen ihre Antreiber, die ihr einflüstern: »Du bist stark, du schaffst das schon, sei nett und mach es allen recht.«

 **Antreiber-Test**

In Kapitel 3 konnten Sie sich ja bereits mit den Persönlichkeitstypen Maestro, Kolori, Lomodo und Corazon beschäftigen und schauen, welchem Typ Sie ähneln. Oder ob Sie Charaktereigenschaften von allen Vieren haben, also ein Mischtyp sind – was ganz oft der Fall ist. Der sogenannte »Antreiber-Test« ist ein Instrument, das eine Feinbestimmung ermöglicht. Jeder Mensch hat die fünf typischen Antreiber, jedoch in verschieden hoher Ausprägung. Wenn Sie sich intensiver mit dem Konzept der inneren Antreiber beschäftigen wollen: Nur zu! Sie werden im Internet unter dem Stichwort »Antreibertest« fündig oder auch im Buch »Sich und andere führen« von Karl Kälin und Peter Müri. Der Selbsttest besteht aus 50 Fragen, die Ihnen helfen können, Ihre persönlichen Stressquellen konkreter zu identifizieren und Veränderungen der inneren Einstellung anzustoßen. Um nicht in das Fahrwasser eines drohenden Burnout zu gelangen.

Scheitern ist menschlich

Im Alltag tauchen ständig Situationen auf, die es uns ermöglichen oder uns zwingen – das kommt auf die Sichtweise und unseren Charakter an –, durch die Veränderungskurve hindurchzugehen. Hochs und Tiefs gibt es im beruflichen, privaten und persönlichen Bereich. Und irgendwie müssen wir mit unseren individuellen widerstreitenden Gefühlen umgehen und für uns die Dinge regeln. Inklusive der Überwindung des »Tals der Tränen«.

Was die Sache oft zusätzlich erschwert, ist die Meinung unserer Mitmenschen zu Rückschlägen: Wenn etwas nicht klappt, wir ein

Projekt oder eine Firma in den Sand gesetzt haben, müssen wir uns
nicht nur mit unseren Emotionen wie Wut, Zorn und Frust auseinandersetzen und obendrein mit finanziellen Problemen und dem
ganzen Rattenschwanz, der sonst noch dranhängt. Nein, auf uns
prasselt auch noch das ein, was andere über uns denken oder sagen:
»Puhh, schau dir das mal an! Der hat voll versagt!« Scheitern an und
für sich ist schon widerlich, doch die Bewertung der Anderen setzt
dem Ganzen die Krone auf. Insbesondere wenn wir von der Maxime »Mach es allen recht« angetrieben werden. Apropos Krone: Auf
Postkarten, Vesperbrettchen und Kalendern ist zu lesen: Hinfallen,
Aufstehen, Krone richten und weitergehen.

Zum Thema Scheitern sind in der letzten Zeit einige Bücher
erschienen und die Frankfurter Allgemeine Sonntagszeitung hat
2015 und 2016 eine ganze Serie dazu gemacht und das Thema aus
unterschiedlichen Blickwinkeln betrachtet. Kennen Sie die Geschichte des Marineschiffes »Vasa«, des gescheiterten technischen
Großprojekts vom Anfang des 17. Jahrhunderts? Die »Vasa« sollte
eigentlich das Flaggschiff der schwedischen Marineflotte werden,
doch bei ihrer Jungfernfahrt, am 10. August 1628, sank sie bereits
nach 1300 Metern. Schiffbruch erleiden, zu Holzscheiten zerfallen,
das ist die ursprüngliche Bedeutung des Wortes Scheitern. Falls
Sie sich das Wrack der »Vasa« anschauen wollen, kein Problem: Es
wurde 1961 vom Meeresgrund geborgen und ist in dem eigens dafür
gebauten Museum »Vasa-Museet« in Stockholm zu besichtigen. Das
Schicksal der »Vasa« hat Eingang in die Wirtschaftswissenschaften
gefunden. Vom »Vasa-Syndrom« sprechen Wirtschaftsexperten und
Organisationsberater, wenn in Projekten politischer Wille, persönlicher Ehrgeiz und vorauseilender Gehorsam aufeinandertreffen. Wo
stattdessen Distanz, Vorsicht und technischer Sachverstand gefragt
wäre. Ein Paradebeispiel war (und ist immer noch beim Druck dieses
Buches) der Berliner Hauptstadtflughafen. Er sollte eigentlich 2015
fertig sein... Erfahrene Ingenieure wissen, dass viele ihrer Ideen
nicht über Skizzen und das Projektstadium hinauskommen: Nur
rund 15 Prozent lassen dieses Stadium hinter sich und enden nicht
als Quatsch oder Hirngespinste. (FAS, 8. Mai 2016).

Eine ganz spezielle Sicht auf seine misslungenen Gipfel-Versuche
hat Reinhold Messner. »Scheitern kann eine eigene Würde, ja eine

eigene Poesie haben«, erklärte er in einem Interview mit der ZEIT
(21. Mai 2015). Immer wieder musste der Südtiroler Expeditionen
abbrechen, doch entmutigen oder von weiteren Zielen abhalten ließ
er sich nicht. »Wir Menschen lernen mehr, wenn wir scheitern, als
wenn wir etwas gewinnen. Auch das Aufsteigen ist nur möglich, wenn
man vorher unten war. Ein Abstieg gehört zu jedem Leben dazu«,
findet der Extremsportler, der inzwischen sogar Film-Regisseur geworden ist. 31 mal ist der Bergsteiger zu den Achttausendern dieser
Erde aufgebrochen und dabei 13 mal gescheitert! Allein vier Versuche
gehen auf das Konto des Makalu, mit 8485 Metern fünfhöchster Berg
der Welt in Tibet. Das Gute am Scheitern für Messner: »Je öfter ich
es versuchen musste, je schwieriger es war und je länger es gedauert
hat, umso größer und schöner war am Ende das Selbstwertgefühl«
(AZ-Kinderzeitung, 14. Oktober 2016).

Kopf oder Zahl – Münzen helfen beim Entscheiden

Wenn Reinhold Messner gegen sein Scheitern angerannt wäre, würde
er vielleicht nicht mehr auf Erden weilen. Der Extrembergsteiger
kennt sicher wie alle Leistungssportler die Gefühlsnuancen der
Veränderungskurve in 'zig Ausführungen und begibt sich dennoch
oder gerade deswegen immer wieder hinein. Auf der anderen Seite
der Skala gibt es Menschen, die versuchen, die Täler der Tränen zu
vermeiden. Aus Angst vor der emotionalen Waschmaschine, weil
sie Konsequenzen fürchten oder sich schlicht und einfach nicht
entscheiden wollen oder können.
    Dazu gibt es ein Experiment, von dem ich erst dachte, das sei
ein Aprilscherz. War es nicht! Lesen Sie selbst und staunen Sie: Der
US-amerikanische Ökonom Steven D. Levitt hat unentschiedenen
Menschen Unterstützungshilfe angeboten. Und zwar nicht in Form
eines persönlichen Gesprächs oder Beratung, sondern er ließ in
seinem Experiment »Entscheidungen treffen« den Computer eine
virtuelle Münze werfen: Kopf oder Zahl? Kopf stand für »Verän-
dere dich! Mache es!« und Zahl für »Lasse alles beim Alten! Keine
Veränderung!« Tausende Leute, die sich nicht allein entscheiden
wollten oder konnten, meldeten sich 2005 auf der Internetseite

des Instituts für Wirtschaft an der Universität von Chicago zum Experiment an.

Das waren die fünf häufigsten Fragen, die bei Levitt und seinem Team eingingen:

1. Soll ich meine Beziehung beenden?
2. Soll ich meinen Job kündigen?
3. Soll ich mich selbstständig machen?
4. Soll ich noch eine neue Ausbildung beginnen?
5. Soll ich umziehen?

Am Ende des Experiments kam folgendes heraus: Nicht alle Teilnehmer/innen haben sich an die Entscheidung des Computers gehalten. Aber zwei Drittel (67 Prozent) haben die virtuell getroffene Münzwurf-Entscheidung bei eher alltäglichen Fragen umgesetzt. Immerhin 55 Prozent – also über die Hälfte der Ratsuchenden – sind der Empfehlung bei lebenswichtigen Fragen gefolgt und haben nach dem Münzwurf tatsächlich den Schritt gewagt und etwas beendet oder neu begonnen. Daher die Empfehlung für Zauderer und Entscheidungsschwache: Wirf die Münze oder lass sie werfen! Denn die Menschen, die eine Veränderung aktiv angegangen sind, fühlten sich ein halbes Jahr später deutlich glücklicher als diejenigen, die den alten Stiefel weitergemacht haben und in ihrem Kokon geblieben sind. In ihrer Komfortzone.

Andere psychologische und ökonomische Studien kamen zu ähnlichen Erkenntnissen: Wir Menschen tendieren dazu, an Bisherigem festzuhalten, also alles zu lassen, wie es derzeit ist. Wissenschaftler nennen dieses Verhalten »Status Quo Bias«. Mit Veränderungen tun wir uns schwer, lieber Augen zu und durch und Ertragen. Unser Unglück rührt oft eher daher, dass wir in der Unentschiedenheit gefangen sind und hartnäckig, ja verbissen am Bewährten festhalten. Wir wägen die Vor- und Nachteile ab, bis wir am Ende die Entscheidung für hochriskant halten und sie nicht fällen. Entsprechend lautet der Rat des Forschers nach seinem Experiment: »Ich glaube nicht, dass die Leute selbst eine Münze werfen sollten. Wenn sie sich nicht entscheiden können, sollten sie das Neue wählen.« Denn sich seine Situation schön zu reden, hilft sicher eine Zeit lang. Doch Zufriedenheit fühlt sich anders an und ist von einem glücklichen Leben weit entfernt. Albert Einstein soll einmal gesagt haben: »Die reinste Form des Wahnsinns ist es, alles beim Alten zu lassen und gleichzeitig zu hoffen, dass sich etwas ändert.«

Warum wir an Bewährtem festhalten

Zauderer und Zögerer tun sich schwer mit Entscheidungen und der Gedanke an Neues, an Unbekanntes und Ungewohntes stresst sie. Die Angst vorm Scheitern, vor einem möglichen Verlust und der Beurteilung von Mitmenschen, hält sie auf alten Wegen. Dabei wusste doch schon die Schauspielerin Katherine Hepburn: »Wenn man immer nur tut, was sich gehört, verpasst man den ganzen Spaß!« Aber auch gelernte Denkmuster, lange erfolgreiche Verhaltensvarianten oder festsitzende Gedankenspiralen – bewusste oder unbewusste – stehen Veränderungen im Wege. Verhindern die persönliche Weiterentwicklung.

Wenn wir wissen, was uns abhält, könnten wir es verändern, wenn wir denn wollten. Beachten Sie bitte den Konjunktiv: könnten und wollten! Doch wie sagte einmal eine Coaching-Klientin zu mir: »Frau Wahl, warum soll ich etwas ändern, wenn es in der Scheiße so schön warm ist?« Das ist zwar drastisch formuliert, doch genau darum geht es: Warum soll ich meine heimelige Kuschelzone verlassen und etwas ändern? Solange Jammern hilft und es noch einen Partner, eine Kollegin oder Freundin gibt, die zuhört und einen bemitleidet. Der Leidensdruck ist dann noch nicht stark genug. Und warm ist es auch.

Da denken Sie gleich an Leute, die Ihnen ständig über ihre Schlafprobleme, Magenbeschwerden oder Rückenschmerzen berichten, ob Sie es hören wollen oder nicht? Doch etwas ändern? Nee, Hilfe, lieber noch weiter jammern und leiden und zur Not eben ein paar Schmerzmittel einwerfen. Gemäß dem Motto: »Nur die Harten kommen in den Garten!« Den Hintern endlich bewegen, die Ursachen analysieren und sein Verhalten selbstkritisch unter die Lupe nehmen und etwas verändern? Fehlanzeige. Stattdessen einigeln im Kokon und weitermachen wie bisher. Jegliche gut gemeinten Ratschläge oder

Empfehlungen winken sie durch, hilft ja eh nichts! Eine typische
Lomodo-Einstellung.

Auch die Suche nach dem Schuldigen, dem elegant der »Schwarze
Peter« untergejubelt werden kann, ist ein Klassiker im Training und
Coaching, der Entwicklung hemmt und blockiert. In einem Seminar
berichtete Conny über extreme Probleme mit ihrem Vorgesetzten,
»der spricht nicht mit mir«, »alle in der Abteilung leiden« und »das
geht seit Monaten so«.

Conny war überzeugt, dass ihr Vorgesetzter an diesem »unhalt-
baren« Zustand die alleinige Schuld habe. Weit gefehlt: Auf meine
Nachfragen hin stellte sich heraus, dass sie sich beim Chef ihres Chefs
beschwert hatte, ohne ihn darüber zu informieren. Die hierarchi-
schen Zuständigkeiten und Ebenen zu übergehen, gilt als absolutes
»No-Go« im Business! Conny wollte jedoch nicht wahrhaben, dass
sie eine Regel gebrochen und ihre Kompetenzen weit überschritten
hatte. Und dass ihr direkter Vorgesetzter verständlicherweise verärgert
reagierte über Connys »Petzerei«. Ihre bislang komfortable Einteilung
in »Chef ist schuldig« und »ich bin unschuldig« funktionierte nicht
mehr, sie wurde stinkig und pampig. Wer war schuld? Genau, die
Trainerin, also ich! Conny wollte auf Teufel komm raus in ihrem
Kokon, in ihrer Komfortzone bleiben. Sie war beratungsresistent: Alle
Vorschläge und Ideen zu einer Verbesserung oder gar Erleichterung
wurden von ihr abgebügelt. Schuld sind die anderen, Lomodo-
Verhalten par Excellence.

Nein, die Anderen denken nicht wie Sie!

Zwei ganz typische, hinderliche Denkmuster stechen bei Conny ins
Auge: Einmal die Suche nach dem Schuldigen, nach einem einzelnen Menschen, der d i e Ursache für eine missliche Situation ist.
Eine jahrtausendelang angewandte Strategie, um einen Sündenbock
dingfest zu machen und dadurch moralische Macht auszuüben.
Dabei gibt es vermutlich hunderte Gründe und Kleinigkeiten, die
in unserem Beispiel das Verhältnis zwischen Conny und ihrem Chef
vergiftet haben – und die beide mitverursacht haben. Einer allein
ist für die Funkstille und die »katastrophale Teamsituation« nie ver-

antwortlich. Zweiter Denkfehler – in der Literatur zu finden unter »Falscher-Konsens-Effekt«: Wir glauben, dass alle Menschen um uns herum genau so denken und fühlen wie wir selbst. Absolut falsche Annahme! Die Folgen von diesem Irrtum: Diejenigen, die nicht so ticken wie wir selbst, finden wir unmöglich, strafen sie mit bösen Blicken und gehen ihn großzügig aus dem Weg.

Das Blöde an Gewohnheiten: Je häufiger und intensiver wir sie praktizieren, desto stärker und präsenter werden sie. Unser Hirn liebt so etwas, Sie wissen es bereits, unser Hirn ist ein Gewohnheitstier. Zudem, ganz nebenbei, signalisieren wir durch unser Denken und unsere Taten dem gesamten Körper: Mach genau weiter so! Alternativen sehen wir nicht oder blenden sie sogar aus, um ja gewohnte Verhaltensweisen nicht ändern zu müssen. Und aus dieser Brille sehen wir die Welt, unsere Mitmenschen. Wehe, wenn Gewohnheitstiere darauf angesprochen werden! Sie reagieren zickig, aggressiv, zornig oder richtig aufbrausend. Warum? Unterschwellige Angst oder schwelende Unsicherheit werden »angetriggert« und die bisherigen Wege in Frage gestellt. Genau das wollen Gewohnheitstiere ja vermeiden und lieber im eigenen Saft kochen bzw. Gewohnheiten ausgiebig hegen und pflegen wie Affenmütter das Fell ihrer Babys. Unser »Körpergedächtnis« unterstützt diese Mechanismen: Was bisher funktioniert hat, funktioniert auch weiterhin. Alte Gewohnheiten laufen automatisch weiter, neue kommen hinzu – ohne dass die alten eingestampft werden müssen. Willkommen im Kokon!

Gewohnheiten und »Schubladen-Denken« helfen uns, den Alltag zu sortieren, einzuordnen und ihn effektiv zu meistern und uns schnell auf neue Herausforderungen einzustellen. Für manche Situationen sind sie zweckmäßig, für andere jedoch völlig ungeeignet oder sogar hinderlich. Das zu unterscheiden fällt im Alltag oft schwer: keine Zeit, viel Arbeit, dieses und jenes muss noch schnell erledigt, ein Termin jagt den anderen. Keine Muse fürs Nachdenken und Ausmisten – wofür ja auch unsere Antreiber sorgen, wie Sie jetzt wissen! Wenn Sie im Antreibertest erfahren haben, dass »Beeil dich« einer Ihrer treuesten Begleiter ist, dann dürfte Ihnen das Sprichwort »Zeit ist Geld« leicht über die Lippen gehen.

Sprichwörter treffen den Nagel auf den Kopf

Zitate sind wie Leuchttürme an der Küste, ständig in Sichtweite dienen sie der Orientierung. Sprichwörter fassen den alltäglichen Umgang mit Zeit, Geld, Arbeit und Freizeit treffend zusammen und bringen Allgemeines auf den Punkt. Vielleicht kennen Sie einige aus der folgenden Auswahl: »Erst die Arbeit, dann das Vergnügen«, »Ohne Fleiß, kein Preis«, »Wer rastet, rostet«, »Nur die Harten kommen in den Garten«, »Was du heute kannst besorgen, verschiebe nicht auf morgen«, »Morgen, morgen, nur nicht heute, sagen alle faulen Leute« und das schwäbische Motto »Schaffe, schaffe, Häusle baue und net nach den Mädle schauen«. Das gilt insbesondere am Samstag, denn Samstag ist Kehrwoche, drinnen und draußen. Wehe, eine Partei hält sich nicht an die wöchentliche Putzpflicht, die per Schild »Kehrwoche« von Wohnungstür zu Wohnungstür wandert. Dann kommt Leben in die Hausgemeinschaft.

Besonders wenn wir eine lange To-do-Liste am Kühlschrank hängen haben, tauchen längst vergessen geglaubte Sprichworte aus der Kindheit wieder auf. Sie nutzen die Situation schamlos aus. Die Folge: Sie machen uns ruhe- und rastlos. Wir haben die als Sprichworte getarnten Verhaltensregeln einfach mit ins Erwachsenenalter übernommen. Eine Zeitlang waren sie hilfreich, doch dann haben sie sich verselbständig und wir können sie nicht mehr kontrollieren. In einem Seminar lernte ich die Verwaltungsangestellte Monika Müller kennen. Sie habe immer das Gefühl, ihre Arbeit nicht schnell genug, nicht korrekt zu erledigen und obendrauf komme noch ein schlechtes Gewissen. Auch wenn die Mutter zweier erwachsener Kinder müde von der Arbeit nach Hause kommt, erlaubt sie sich nicht, in Ruhe einen Kaffee zu trinken und Zeitung zu lesen. »Meine Freundin macht das jeden Tag. Ich kann das nicht!« Warum nicht? »Ich muss ja noch putzen, dieses und jenes erledigen...« Das könnte sie doch später machen. »Nein.« »Warum nicht?« Wie aus der Pistole geschossen zitiert Müller ihre Mutter: »Was du heute kannst besorgen, verschiebe nicht auf morgen.« Ah ja. »Dieser Ausspruch begleitet mich seit meiner Kindheit.« Auch wenn sie dringend eine Pause bräuchte, taucht immer die übernommene Leitidee auf und nötigt Müller zu

Hausarbeiten aller Art: Staubsaugen statt Sofa, putzen statt chillen, rackern statt räkeln.

Schlüssel- oder Leitsätze können jedoch auch eine äußerst wohltuende und entspannende Wirkung haben und uns zu positivem Handeln motivieren – wie etwa »Eile mit Weile« oder »in der Ruhe liegt die Kraft.« Die Herkunft dieser Anweisung ist letztlich nicht geklärt, oft wird sie dem chinesischen Philosophen Laotse zugeschrieben. Wie auch die Weisheit: »Setze Dich an den Rand des Flusses und warte, bis die Leichen Deiner Feinde an Dir vorbeitreiben.« Wir könnten die Liste beliebig fortsetzen und für jede Situation und Lage ließe sich etwas finden. Die Lehre der Sprichwörter (Aphorismen) und weiterer Spruchgattungen heißt im Übrigen Parömiologie. Das Interessante daran: Mit zunehmendem Alter, mit mehr Lebens- sowie Berufserfahrung wird man gelassener und erkennt, dass an Vaters liebstem Satz, Omas Lieblingsausspruch oder dem Motto der Grundschullehrerin doch etwas Wahres dran ist. Ich zumindest habe mich früher extrem über Sprüche »Solange du deine Füße unter meinen Tisch streckst…«, »Aus Fehlern wird man klug!« oder »Wie man in den Wald hineinruft, schallt es heraus« geärgert. Inzwischen verstehe ich die Hintergründe und kann sie einordnen. Und in Seminaren hunderte Beispiele erzählen, die theoretisches Wissen für Teilnehmer greifbarer, anschaulicher machen und entweder zu Gelächter oder betroffenen Mienen führen.

Klarheit und rosige Aussichten statt Extraschleifen

Unsere Antreiber, unsere Leit- und Glaubenssätze treten oft zusammen und in ganzen Bündeln auf, die nur schwer auseinanderzuklamüsern sind und die wir ja seit unserer Kindheit gewissenhaft befolgen und uns an ihnen orientieren. Ich muss wissen, wie ich ticke, wie ich denke, wo ich Denkfehler mache, wo ich Irrtümern aufsitze und an Gewohnheiten festhalte, die eigentlich die Muster von meinen Eltern sind und wo ich Rollenbilder übernommen habe von Erziehern, Lehrerinnen, Freundinnen, Ausbildungsleitern, Dozenten oder anderen »Lehrmeistern«. Ein Zeichen dafür, dass die »alten« Verhaltensweisen nicht mehr passen, ist ein Grummeln im Bauch, eine latente Unzufriedenheit. Eine Zeit, die verunsichert, bei der Gefühle Achterbahn fahren, wo altbewährtes in Frage gestellt wird, neue Möglichkeiten sich abzeichnen. Bei unserem Schmetterling ist es die Phase im Kokon, wo er so etwas wie »Raupengulasch« ist, also weder Raupe noch fertiger Falter.

Wie am Anfang dieses Kapitels beschrieben, »überliegen« manche der verpuppten Raupen. Sie lassen also mehrere Kältereize aus, ehe sie sich auf die letzte Etappe zum »erwachsenen« und fertigen Schmetterling machen. Vergleicht man solch einen Zustand bei uns Menschen, könnte man dieses Phänomen mit »aussitzen« beschreiben. Obwohl wir verschiedene Impulse (beim Schmetterling Ende des Kältereizes, also höhere Temperaturen und längere Tage) von außen bekommen oder auch innere Impulse »aufploppen«, halten wir an Bewährtem fest. Wir scheuen uns vor dem Neuen, haben nicht den Mut neue Wege zu gehen, lassen gleichzeitig das Alte nicht los, drehen in unserem Kokon Extraschleifen und machen uns selbst das Leben schwer. Ein Sprichwort trifft den Kern: »Wer sich alle Türen offenhalten will, hängt halt viel im Flur rum.«

Was verbirgt sich hinter Ihren Türen? Welche mögen Sie nur ungern öffnen und hinter die Kulissen schauen? Welche würden Sie am liebsten schnellstens schließen? Und welche Türen stehen Ihnen offen? Als Coach treffe ich immer wieder auf Menschen, die in einer Umbruchphase sind und im Flur stehen, orientierungs-, hilf- und planlos. Wenn wir dann gemeinsam Glaubenssätze entlarven, Antreibern auf die Spur kommen und das Durcheinander sortieren, blicken die meisten wieder optimistisch in die Zukunft und sehen die Reuse, das Schlupfloch ihres Kokons.

 Fünf Säulen der Identität

Folgende praktische Übung ermöglicht Ihnen einen Rund-um-Blick in Ihr Innenleben und gibt Ihnen zuverlässige Hinweise hinsichtlich Ihrer Zufriedenheit und Ihres Kokons. Welche Bereiche passen, wo gibt es Veränderungsbedarf? Sind Sie schon auf dem Weg zum »Raupengulasch« oder tendieren Sie noch zum »Überliegen«?

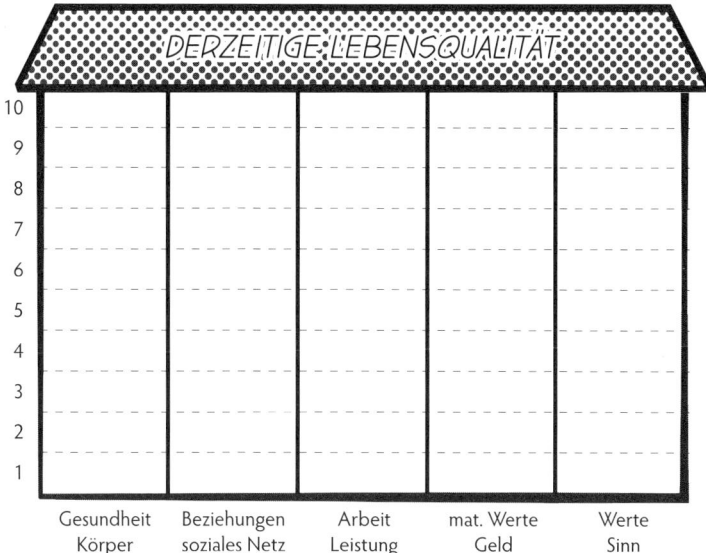

Die fünf Säulen der Identität

1. Machen Sie sich eine Skizze entsprechend der Vorlage (linkes Bild). Senkrecht links eine Skala von 1 bis 10. Daneben fünf gleich breite Kästen, darüber wenn Sie mögen, ein Dach.

2. Wie zufrieden sind Sie mit den fünf Lebensbereichen? Der erste Bereich ist Gesundheit/Wohlbefinden. Daneben liegt der Bereich Soziale Beziehungen/Familie. Die mittlere Säule gibt Ihre Zufriedenheit mit Ihrer Arbeit/Beruf wieder, rechts daneben geht es um materielle Werte/Verdienst. Rechts außen die Säule steht für Ihre Zufriedenheit mit Ihren Werten und Sinn.

3. Zeichnen Sie Ihre geschätzten Werte ein.

4. Wo gibt es Veränderungsbedarf? Was passt?

5. Was möchten Sie konkret an Veränderungen angehen? Und was genau planen Sie?

6. Notieren Sie Ihre Vorhaben so konkret wie möglich und schauen Sie in einigen Tagen oder Wochen auf Ihre Notizen und Ihre Identitätssäulen.

(nach: Petzold 2012, S. 506)

Das Ende der Welt oder der Anfang des Schmetterlings

Nach den Übungen in diesem Kapitel haben Sie jetzt sicher eine klarere Vorstellung davon, wie Sie ticken und ob die Zeit reif ist für eine geplante Veränderung, für Entscheidungen und Verhaltensweisen, mit denen Sie sich selbst Ihr Leben leichter machen können.

Haben Sie sich schon an die Vorstellung gewöhnt, dass Ihr Leben auch anders sein könnte? Dass es sich besser anfühlen könnte und Sie durch Ihre eigene Reuse, aus Ihrem Kokon herausschauen könnten? In eine Welt mit vielen bunten Blumen und leckerem Nektar? Und dass es Spaß machen könnte, von einer Tulpe zu einer Rose zu einer Apfelblüte zu einer Passionsblume zu einer Erdbeerblüte zu fliegen und zu kosten?

Es gilt dazu einen Zwiespalt zu überwinden, zwischen sicherem und vertrautem Terrain und neuen, unkalkulierbaren Dingen. Mut zu haben, neues zu entdecken, sich mit der Frage zu beschäftigen: Will ich weiterkommen, mich entwickeln? Mich entfalten? Oder wollen Sie weiter eingesponnen sein und an Ihrem Alltag, Ihren Gewohnheiten, an vermeintlich Wichtigem und scheinbaren Sicherheiten festhalten?

Es ist Ihre Entscheidung! Das macht niemand für Sie, das müssen oder dürfen Sie selbst machen. Lassen Sie sich von Ihrer Sehnsucht leiten und sammeln Sie Kraft für den nächsten Schritt. Auch wenn Sie vielleicht schon einige nicht ganz erfolgreiche Versuche hinter sich haben. Verzagen Sie nicht! Nehmen Sie all Ihren Mut zusammen. Wagen Sie sich in eine neue Welt. Sie werden sehen, dass es Spaß macht, wenn Sie sich wie Pippi Langstrumpf sagen: »Ich mache mir die Welt, wie sie mir gefällt!« Denn Raupen können nun mal nicht fliegen.

5. Der Flug des Schmetterlings

> »Schweb' wie ein Schmetterling, stich wie eine Biene.«
> *(Muhammad Ali)*

Schimmernder Schmetterlingsstaub

Bevor ausgewachsene Schmetterlinge tatsächlich abheben und fliegen können, am Ende der Metamorphose, haben sie drei Entwicklungsphasen durchlaufen – Ei, Raupe und Puppe. Dabei haben sie ihr Aussehen grundlegend verändert. Die ersten Falter waren vor etwa 135 Millionen Jahren, zu Beginn der Kreidezeit (Mesozoikum), unterwegs. Der Grund: Damals tauchten die ersten Blütenpflanzen auf, d i e Futterquelle für Schmetterlinge. Inzwischen sind die Tiere auf allen Kontinenten beheimatet.

Falls Sie mal beim Spazierengehen einen Kokon finden sollten, betrachten Sie ihn genauer. Vielleicht sehen Sie schon einen Riss in der Hülle. Dann dauert es nicht mehr lange, bis der Schmetterling herauskrabbelt. Fliegen kann er jedoch nicht sofort: Er muss erst noch seine verschrumpelten Flügel entfalten. Dazu pressen die fast fertigen Falter so lange Blut in die Flügeladern, die zwischen zwei Membranen verlaufen, bis sie ganz glatt sind. Und dann passiert etwas, was sehr besorgniserregend aussieht: Die Schmetterlinge verlieren eine rote Flüssigkeit. Man könnte meinen, sie bluten. Doch sie scheiden lediglich übrig gebliebene Stoffwechselprodukte aus der Puppenzeit aus (Mekonium), solange die Flügel trocknen. Die Vorder- und Hinterflügel sind übrigens einzeln am Körper aufgehängt. Sobald die Flügel ganz gespannt sind, kann der Schmetterling zu seinem Jungfernflug starten, bunte Blüten anfliegen, mit dem Rüssel Nektar saugen und sich einen Partner suchen. Mit der Paarung und der Eiablage ist der Lebenszyklus beendet und die Imago, das geschlechtsreife Insekt, sorgt für die Arterhaltung. Und für die Bestäubung von Blüten, denn einige Pflanzen mit tiefen Blütenkelchen können ausschließlich von Schmetterlingen mit ihren langen Saugrüsseln bestäubt werden.

Was Sie wahrscheinlich auch schon als Kind gelernt haben: Niemals einen Schmetterling an den filigranen und empfindlichen Flügeln berühren! Sonst kann er nicht mehr fliegen! Bei Berührung bleibt an den Fingern schimmernder »Schmetterlingsstaub« hängen. Das ist jedoch kein richtiger Staub, sondern unzählige, abgelöste Schuppen. Tausende, jeweils einfarbige Schuppen, bedecken wie abgeflachte Haare dachziegelartig die hauchdünnen Flügel. Die Schuppen sind winzig etwa (0,1 mm lang, 0,05 mm breit) und bestehen wie das menschliche Haar aus Chitin. Innen sind sie hohl und mit Luft gefüllt. Jede einzelne hauchzarte Schuppe ist mit einer stiftartigen Halterung mit der Flügeloberfläche verbunden und die bricht beim Anfassen ab. Es stimmt jedoch nicht, dass Schmetterlinge dann nicht mehr fliegen können: Denn sie verlieren im Laufe ihres Lebens Schuppen, wie Männer ihre Haupthaare. Ältere Tiere erscheinen daher blasser. Experten nennen das »abgeflogen«. Die Schuppen sind nicht nur für die Färbung verantwortlich, sie wirken aerodynamisch und haben Auswirkungen auf die Strömungsverhältnisse.

Fehlen die Schuppen, wird das Fliegen erschwert oder ganz unmöglich. Ältere Schmetterlinge oder solche, die Kontakt mit neugierigen Kindern hatten, müssen schon beim Starten mehr Energie aufwenden und auch das Fliegen selbst ist deutlich mühsamer. Die Folge: Die gehandicapten Insekten verbrauchen mehr Kraft bei der Nahrungssuche, und diese Anstrengungen führen zu einem früheren Sterben.

Gehandicapt durch Sturz, aber überlebt!

Das Gefühl, als hätte man ihr die Flügel gestutzt, kennt Gela Altmann nur zu gut. Das Sportmodel hat im April 2014 einen Mega-Sturz überlebt, 800 Höhenmeter eine Bergflanke runter. In Island bei einem Fotoshooting, am Ende eines Drehtages. Doch Altmann hat Glück im Unglück. Sie bleibt an einer Felskante hängen, stürzt nicht ins Meer. Schwer verletzt kommt sie in die Klinik und bleibt dort monatelang. Zwei Jahre später ist die Extremsportlerin, Bergläuferin und Fernsehjournalistin wieder in den Bergen unterwegs, nachdem sie sich mit extremer Motivation und unbändigem Willen zurückgekämpft hat: »Ich kann im Leben schon immer alles positiv sehen, das haben mir meine Eltern gut mit auf den Weg gegeben. Aber ich glaube auch, dass man es lernen kann, ein Glas halb voll oder halb leer zu sehen. Und wenn du es halb voll siehst und denkst, es soll jetzt auch noch voll werden, kann man unfassbar viel schaffen«, sagte sie in einem Interview mit der Frankfurter Allgemeinen Sonntagszeitung (1. Mai 2016).

Einer der ersten Gedanken nach dem Sturz, an den sich Altmann erinnern kann, war: »Krass, ich habe überlebt«. In der Klinik erlebte die Sportlerin viele Höhen und Tiefen, und immer wieder siegten die Überwindung, die Leidensfähigkeit und der Wettkampf mit sich selbst. »Das bist du als Sportler gewohnt: für deine Ziele zu kämpfen, auch wenn es mal richtig ätzend sein kann.« Nach dem Unfall mit Trümmerbrüchen, zerfetzten Bändern und gerissenen Muskeln ist vieles anders, insbesondere in sportlicher Hinsicht: Extreme Belastungen mag Altmanns rechtes Bein nicht mehr. »Ich bin super dankbar, dass ich überhaupt wieder etwas draußen machen kann.« Über die Zeit nach dem Sturz, die Rehabilitation, ihren Lernprozess, die Gefühle, Gedanken und neuen Erkenntnisse hat die Skibergsteigerin ein Buch geschrieben, »Sturz in die Tiefe: Wie ich 800 Meter fiel und mich zurück ins Leben kämpfte«. Zählte vorher die Maxime »höher, schneller, weiter«, das nächste Ziel, der nächste Gipfel, war Gela Altmann plötzlich auf die Unterstützung anderer angewiesen. Sie musste lernen, Hilfe anzunehmen, mit Rückschlägen umzugehen, schwach statt leistungsstark zu sein. Sie entdeckte neue Seiten des Lebens, Ruhe und Erholung, nichts tun, im Garten liegen und die Sonne genießen. Notgedrungen, doch froh und dankbar über das neue Leben nach dem Bergunfall. Ihr Lebensgefährte Marcel unterstützte sie in der Genesungszeit und war überzeugt, »dass Gela schon ziemlich bald wieder wie ein Schmetterling frei und fröhlich herumflattern wird«. Er sollte recht behalten.

Das Leben ist endlich

An das Gefühl, der Boden wird mir unter den Füßen weggezogen, ich stürze mit gestutzten Flügeln ins Bodenlose, kann ich mich gut erinnern. Es war in einer Arztpraxis, Freitagmorgen, Ende Oktober. Zwischen zwei Telefonaten sagte die Radiologin, der ich gegenüber saß: »Es sieht nicht gut aus«. Waaass? Ich konnte nicht mehr klar denken, die Worte der Ärztin nicht einordnen. Eingehüllt in eine neblige Wolke, ohne Konturen, ohne Halt, überschlugen sich meine Gedanken, die Angst, dass ich an Krebs sterben würde wie meine Oma, formte sich in meiner Brust zu einem dicken, schwarzen Klops.

In den Monaten danach, zwischen den kräftezehrenden medizinischen Behandlungen, lernte auch ich ganz neue Seiten an mir, am Leben kennen. Zwangsläufig. Weil es mir körperlich und mental so schlecht ging, konnte ich tageweise nur auf dem Sofa liegen, zum Spazierengehen an die Isar musste ich mich aufraffen, zusammenreißen. Für eine aktive, sportliche Frau wie mich, die kurz vor der Diagnose noch eine Alpenüberquerung mit dem Mountainbike gemacht hatte, und deren beruflicher Neustart gerade so richtig an Fahrt aufgenommen hatte, eine Katastrophe. In finanzieller Hinsicht, denn viele Seminare musste ich absagen, nachdem ich froh war, neue Kunden gewonnen zu haben. Und ich, die es gewohnt war, die Tage und Wochen akribisch durchzuplanen und viel unterwegs zu sein, war nun gezwungen, kleine Schritte zu gehen, von Tag zu Tag zu schauen. Akzeptieren, dass ich andere um Hilfe bitten muss. Akzeptieren, dass Wut, Verzweiflung, Freude, Glück und Angst dicht beieinander liegen. Akzeptieren, dass das Leben endlich ist.

Zwischen den Behandlungseinheiten konnte ich immer wieder arbeiten. Es tat mir gut, ich konnte mich beschäftigen, ablenken. Andere Gedanken denken als nur an die Krankheit und die Fragen: »Wie geht es weiter?«, »Schaffe ich das?« oder »Schlägt die Behandlung an?«. Die sehnsüchtig erwartete, erlösende Nachricht kam neun Monate später: Bei der Operation wurden keine Tumorzellen mehr gefunden.

Die Krankheit hat Narben an Körper und Seele hinterlassen. Zeichen, dass ich eine lebensbedrohliche Krankheit überstanden habe und wieder gesund bin. Inzwischen sind mir wieder Mini-Flügelchen gewachsen. Viele kleine Momente und alltägliche Entscheidungen trugen und tragen dazu bei. Das Gefühl angekommen zu sein bei mir, mehr Augenmerk auf mich, mein Innerstes, meine Bedürfnisse zu legen.

Während ich zu Beginn meiner Selbstständigkeit ständig unterwegs war, Kontakte knüpfte bei Vorträgen, Veranstaltungen und Seminaren sowie ständig auf der Suche nach potenziellen Kunden war, habe ich meine Strategie nach der Erkrankung geändert: Außer-Haus-Termine am Wochenende und in den Abendstunden sind mehr oder weniger auf Null heruntergefahren. Samstags und sonntags arbeite ich nur noch in absoluten Ausnahmefällen. Ein ebenfalls freiberuflicher Kollege fragte mich ungläubig: »Kannst du dir das erlauben?« Ja, kann ich und muss ich, wenn ich weiterhin gesund bleiben möchte. Denn ich benötige Auszeiten, freie Tage, an denen ich mich erholen und meine Akkus aufladen kann. Daher tanze ich auch nicht mehr auf allen Hochzeiten, sage gelegentlich Kneipenabende und Partys ab oder lasse den berühmt-berüchtigten Absacker aus. Wenn ich merke, dass ich Zeit für mich benötige und mein Körper der Ruhe bedarf. Normalerweise ist niemand tödlich beleidigt, doch zugegebenermaßen sind manche enttäuscht und pikiert. Gelegentlich bin ich versucht nachzugeben, die Wünsche anderer über meine eigenen Bedürfnisse zu stellen. Sowohl bei privaten Feiern als auch bei beruflichen Terminen. Wenn ich mich dann doch zurückziehe und kurz darauf im Bett liege und lese, habe ich nicht das Gefühl, etwas zu verpassen. Ich lasse mir dann am nächsten Morgen von Freunden oder Kollegen erzählen, was alles noch so passiert ist und freue mich, dass ich einen klaren Kopf habe.

 **Mut trainiert die »Flügel«!**

:: Setzen Sie Sich bewusst immer mal wieder kleineren Mutproben aus.
:: So können Sie den Umgang mit unbekannten und herausfordernden
:: Situationen trainieren und neue »Spielfelder« für sich erobern. Brin-
:: gen Sie etwa bei einer Hochzeit oder Geburtstagfeier einen Toast
:: aus, wenn Sie nicht gerne vor Publikum sprechen. Oder betreten

Sie als Erste die leere Tanzfläche. Gut für das soziale Miteinander und Ihr Selbstbewusstsein: Rufen Sie bei XY an, statt verschämt Ihre Absage per WhatsApp mitzuteilen. Und jeder Trainer freut sich, wenn Sie sich das nächste Mal als Erster melden, wenn Freiwillige für eine Übung gesucht werden.

Tun Sie nur noch, was zu Ihnen passt

Ich traue mich inzwischen viele Dinge, die ich früher nie gemacht hätte: etwa in Seminaren und Workshops ungewöhnliche, im wahrsten Sinne des Wortes merk-würdige Methoden und Requisiten einzusetzen. Ohne meinen Plastik-Dinosaurier T. Rex und den auf dem Oktoberfest selbst »geschossenen« Plüsch-Säbelzahntiger verreise ich nicht mehr. Die beiden Gesellen sind wunderbar geeignet, um zu verdeutlichen, was in unserem Inneren passiert, wenn wir uns ärgern. Wenn der T. Rex in Form des Chefs um die Ecke kommt und einen Stapel Unterlagen auf den Schreibtisch legt oder wir auf einen Nachbarn treffen, der immer kleine rote Sandhäufchen auf dem Weg in seine Wohnung hinterlässt, wenn er vom Tennisspielen kommt, und lange Zeit immun gegen Bitten ist, doch bitte die Schuhe nach dem Training zu wechseln.

In Schulungen zum Thema Öffentlichkeitsarbeit und Schreibwerkstätten habe ich immer meine lila Partybrille – mit Discokugeln an den Bügeln – dabei und verweise auf die spezielle, neutrale Einstellung beim Texten. Klar, manche Seminarteilnehmer verdrehen die Augen und in ihrem Blick sind Gedanken abzulesen wie »Spinnt die Dozentin?« oder »Die hat ja wohl nicht mehr alle Tassen im Schrank!« Das mag schon sein, doch ich habe gute Erfahrungen damit gemacht und die meisten Schüler sind begeistert.

Für schlaflose Nächte sorgte vor einigen Jahren Giovanni. Giovanni ist nicht mein italienischer Liebhaber, sondern mein schwarzes Mercedes-Cabrio. Bis ich die Entscheidung getroffen hatte, es zu einem fairen Preis von einem Bekannten gebraucht zu kaufen, hatte ich wirklich eine Woche kaum ein Auge zugemacht. Die Kaufsumme war nicht das Problem, sondern die Fragen und Kommentare aus meinem Bekanntenkreis zu diesem Spaß-Auto.

Denn Sie müssen wissen: Ich bin die größte Frostbeule auf Erden und dermaßen zugempfindlich, dass ich bei jedem Lüftchen, selbst bei 30 Grad im Schatten, ein Halstuch trage. Etwa bei einer Reise in die Mongolei, in der Wüste Gobi. Noch heute macht die Geschichte die Runde, dass ich einen Fleecepullover und ein Tuch aus der Jurte geholt habe, um in Ruhe Karten spielen zu können. Ohne zu frieren.

Doch zurück zu Giovanni. Jedes Mal, wenn ich den Zündschlüssel drehe, bin ich froh, dass ich die blöden und witzigen Kommentare über mein Auto ausgehalten habe und mit breitem Grinsen mit meinem Italiener unterwegs bin. Denn von einem schwarzen Cabrio hatte ich schon als Teenager geträumt. Und was ist mit der zugluftempfindlichen Forstbeule? Mit Mütze, Schal und Daunenweste ist das kein Problem. Auch wenn sich manch andere Autofahrer über mich und meine Bommelmütze an lauen Sommerabenden amüsieren und grinsen. Da muss ich durch. Das mach ich gern, genieße ich doch die Ausflüge mit meinem Giovanni und die Freiheit, in meinen Wagen zu steigen – wann ich will und zu fahren, wohin ich will. Und mit lauter Musik, über die allein ich bestimme. Das sind die kleinen Freuden des Alltags, herrlich. Ich genieße solche Momente – am liebsten mit Blick auf Berge und Seen.

Ich stehe ja nur manchmal in der Öffentlichkeit, auf dem Präsentierteller – im Seminar oder bei Vorträgen. Zwischendurch, zuhause in München, kann ich im Prinzip tun und lassen, was ich will. Es gibt hingegen viele Prominente, die keinen Schritt tun können, ohne dass es am nächsten Tag in der Zeitung oder im Internet steht. Profisportler, Sänger, Schauspieler oder Musiker sind in dieser Hinsicht nicht zu beneiden. Klar, sie könnten ohne Fans, die zu Fußballspielen oder Auftritten kommen und Tonträger kaufen, nicht leben. Doch sie dienen – ob sie wollen oder nicht – als Projektionsfläche für Wünsche, Erwartungen und Träume. Und sind oft harscher Kritik oder gar Beleidigungen und Verleumdungen ausgesetzt. Privatsphäre? Mangelware! Ich konnte das in einem Münchner Open-Air-Kino gut beobachten: Fußballprofi Mats Hummels saß mit seinen Kumpels am Nebentisch. Während ich mir ein Autogramm verkniff, standen vor dem Spieler des Rekordmeisters Bayern München schnell ein halbes Dutzend Leute. Hummels setzte seine Namen auf Servietten und Bierdeckel und machte sogar bei den Selfies ein freundliches Gesicht. Doch irgendwann schüttelte er den Kopf. Genug.

Besonders wenn es um die sexuelle Orientierung geht, hört der Spaß selbst im 21. Jahrhundert auf, und alle reden mit. Über das Coming-Out von Ex-Fußballprofi Thomas Hitzlsperger haben die Medien hierzulande ausführlich berichtet. Dem früheren Kicker vom FC Bayern München zollten viele Respekt und Anerkennung, als er seine Homosexualität öffentlich machte. Die Medien stürzten sich auf das Thema, Bundesinnenminister Thomas de Maizière sagte etwa: »Ich wünsche mir bei solchen Themen viel mehr Normalität und Gelassenheit«. Kaiser Franz Beckenbauer attestierte Hitzelsperger Mut und riet Kickern gleichzeitig nicht zu einem Outing. »Wenn er glaubt, es der Öffentlichkeit mitteilen zu müssen, dann soll er das tun. Auf der anderen Seite ist es sein Privatleben, und das geht niemand etwas an.«

Alles ist anders!

Schauspielerin Ellen Page hat sich 2014 bei einer Konferenz der Lesben- und Schwulenbewegung mit einer bewegenden Rede geoutet. Sie ist mit Künstlerin und Surferin Samantha Thomas liiert und antwortete auf die Frage, wie sich diese öffentliche Bekanntmachung auf ihr Leben ausgewirkt hat: »Alles ist anders. Von einem Tag auf den anderen empfand ich ein Glück und eine innere Ruhe, wie ich sie jahrelang nicht kannte. Mein Leben jetzt ist überwältigend.« (Frankfurter Allgemeine Sonntagszeitung, 3. April 2016). Sie habe ein Gefühl, als ob eine riesige Last von ihr abgefallen sei. Und seither macht Ellen Page nichts mehr, das nicht wirklich zu ihr passt. »Das wäre Zeitverschwendung.« Die Entscheidung sich zu outen hatte sie jedoch vorher Jahre mit sich herumgetragen – auch weil die Schauspielerin Angst hatte, danach nie wieder in einem Film mitspielen zu dürfen. Doch irgendwann kam sie an den Punkt, an dem ihr das Coming-Out wichtiger war als Engagements.

Es muss kein Coming-Out von VIPs sein mit großer öffentlicher und medialer Aufmerksamkeit. Auch ganz »normale« Menschen trauen sich ihr Leben so zu leben und gestalten, wie sie es sich wünschen und gemäß ihren Vorstellungen. Auch wenn Freunde, Familie, Ärzte oder andere Experten das nicht goutieren und ihre Bedenken, Abneigung oder gar Unverständnis direkt formulieren in Form von »Das macht man nicht!« oder »Das wird nie funktionieren!«

Wenn sich die Eltern des autistischen Schwimmers Marc Evers an die Empfehlung eines Psychiaters gehalten und ihn in ein Heim gegeben hätten, hätte er wohl nie bei Paralympischen Spielen auf dem Startblock gestanden. Der Arzt hatte prophezeit, dass der geistig behinderte Junge in seinem Leben weder reden noch allein auf die Toilette gehen, geschweige denn gar schwimmen lernen könne. Fehleinschätzung. In London 2012 bei den Paralympics gewann Marc Evers (Jahrgang 1991) eine Goldmedaille sowie eine Bronzemedaille, und in Rio de Janeiro 2016 ging der inzwischen 25-jährige Niederländer in drei Disziplinen an den Start und holte drei Medaillen. Die Erfolge ihres Sohnes gaben der Entscheidung und optimistischen Einstellung seiner Eltern im Nachhinein recht. »Wir wollten unseren Sohn so gut wie möglich in die Gesellschaft integrieren«, sagte Vater Frank der Süddeutschen Zeitung (20./21. August 2016). Von Studien, die belegen, was alles nicht geht, wollten sich Marcs Eltern nicht leiten lassen.

Auch die Mutter von Raphael Müller hat sich von externen Empfehlungen und Ratschlägen irgendwann nicht mehr beeinflussen lassen. Die bewegende Geschichte und das »Innenleben« ihres Sohnes ist nachzulesen in »Ich fliege mit zerrissenen Flügeln«. Ein unglaubliches Buch, Kategorie empfehlenswert: Es schärft den Blick, schult die Empathie und man bekommt Einblicke in die Gedanken und das Seelenleben eines Menschen, von dem man denkt, er bekomme von seiner Umwelt kaum etwas mit und könne sich seinen Mitmenschen nicht mitteilen. Denn Raphael kann nicht sprechen. Er gibt lediglich Laute von sich und sitzt schwerstbehindert im Rollstuhl. Wegen eines vorgeburtlichen Schlaganfalls ist Raphael Autist und Epileptiker – aber mit einem enormen Willen, IQ, Ideen und Lyrikerpotenzial. Mit Hilfe seiner Mutter, der Zahnärztin Dr. Ulrike Müller, und der Methode »Gestütztes

Schreiben« schreibt Raphael Gedichte und ganze Romane. Besonders viel Spaß hat der Teenager, wenn er Studenten der Universität
Augsburg Interviews gibt.

Macken als Special Effects einsetzen

Vielleicht kennen Sie die Postkarte mit dem Spruch: »Ich habe keine
Macken. Das sind Special Effects.« Diese Karte nutze ich gerne in der
Anfangsphase von Resilienz-Seminaren, in denen ich mit Betriebsräten arbeite, um Diskussionen zum Selbstverständnis anzuregen.
Betriebsräte werden von der Belegschaft gewählt und füllen ein Ehrenamt aus. In dieser Funktion bekommen sie oft den Unmut und
Ärger von Kollegen oder der Geschäftsführung zu spüren. Da sind
dann Kanten gefragt, die Fähigkeit, Grenzen zu ziehen und »Nein«
zu sagen. Denn sonst werden engagierte, aber zu nette Betriebs-
und Personalräte zwischen den Bedürfnissen und Erwartungen der
beiden »Fronten« zerrieben. Ganz typisch für den Corazon-Typ aus
Kapitel 3! Denen ist das Miteinander sehr wichtig und sie tappen
oft in »Harmoniefallen«. Sagen lieber »Ja und Amen«, um Konflik-
ten aus dem Weg zu gehen, anstatt klare Ansagen zu halten und in
Verhandlungen hart zu bleiben.

   Einer meiner Lieblingsbands sind die Sportfreunde Stiller. Nicht
nur, weil ich den Schlagzeuger Florian Weber kenne und ihn immer
wieder bei Partys in seiner Heimatstadt Schrobenhausen treffe. Die
Lieder und Texte der »Sportis« treffen oft den Nagel auf den Kopf
und trotz 20-jährigem Bestehen haben sich die Drei ein junges
Image erhalten. Webers Bandkollege Rüdiger Linhof beschreibt das
in einem Interview mit der Abendzeitung (30. September 2016)
so: »Ich will mich über Dinge freuen, ich will verliebt sein, ich will
ein Idiot sein, alles. Ich will aber auch Verantwortung übernehmen
können, verbindlich sein können, stark sein können, wenn es gefragt
ist. Aber ich will das nicht verlieren, dass ich mit einer Freude und
vor allem, dass ich suchend durch mein Leben gehe. Das hat was
mit Jugend zu tun.«

   Der Musikgeschmack von Jugendlichen, ihre Kleidung, ihr Fai-
ble für pappsüße Energy-Drinks und Fastfood ist für Erwachsene

nicht nachvollziehbar. Und was wir nicht kennen, irritiert uns oft. Wir lehnen Dinge ab, weil wir sie nicht verstehen oder sie nicht mit unserem Denken, unserem Weltbild vereinen können. Erinnern Sie sich an die Fußball-Europameisterschaft 2016? Als Island überraschend d i e Mannschaft des Turniers wurde? Nicht nur wegen ihres beeindruckenden Schlachtrufs und des einzigartigen Teamspirits. En passant kamen bei der EM außergewöhnliche Lebensläufe zutage, die bei unseren Profi-Fußballern der ersten Bundesliga unvorstellbar sind: Co-Trainer Heimir Hallgrimsson etwa arbeitete vor der EM hauptberuflich als Zahnarzt und musste seinen Job für die Europameisterschaft erst einmal an den Nagel hängen. Torhüter Hannes Thor ist eigentlich Filmregisseur, und Fußball war nach mehreren Verletzungen für ihn nur noch ein Hobby – bis er seinen Ehrgeiz wiederentdeckte und sich zum besten isländischen Keeper hochtrainierte.

Auch ich habe drei Berufe: Autorin, Trainerin und Coach. Wenn ich das vor Kunden oder Klienten erwähne, ernte ich oft erstaunte Blicke. »Passt denn das zusammen?« Aber natürlich, und zwar wie die sprichwörtliche Faust aufs Auge. Während viele ehemalige Kollegen aus meiner Redakteurszeit bei der Tageszeitung »Schwäbisches Tagblatt« in Tübingen immer noch dort als Journalisten arbeiten und das auch bis zur Rente tun, konnte ich mir das nie vorstellen. Es ist zwar toll, in meine alte Heimat zurückzukommen und zu merken: »Hey, es ist hier wie immer, dieselben Leute, dieselben Restaurants.« Wunderbar. Doch für mich, für einen umtriebigen und neugierigen Geist, sind abwechslungsreiche Aufgaben ein Lebenselixier. Günter – aus der Bäckerei bei mir um die Ecke – findet die Kombination spannend. »So was täte ich beruflich auch gerne machen«, sagt er immer wieder. Und auch wenn ich nach dem Joggen an der Isar bei ihm auf einen schnellen Espresso vorbeischaue, sagt er: »Das bewundere ich, doch ich schaffe es irgendwie nicht«. Vermutlich sind ihm, einem klassischen Corazon-Typ, einfach andere Dinge wichtiger, oder Joggen ist eben nicht die Sportart, die ihn reizt, seine Komfortzone zu verlassen. Vielleicht verhilft ihm sein neues Fahrrad zu einigen genüsslichen Bewegungseinheiten in der frischen Luft. Ich werde ihn fragen, beim nächsten Espresso …

Fehlender Lebenssinn macht mürrisch und unzufrieden

Im Kapitel 4 haben Sie erfahren, dass alte Gewohnheiten und Prinzipien, Glaubenssätze und Verhaltensmuster aus der Kindheit uns immer mal wieder einbremsen. Uns davon abhalten, in fremde Gefilde aufzubrechen. Wir bleiben dann lieber im gemütlichen und bekannten Kokon, um ja nicht raus aus unserer gewohnten Umgebung zu müssen. Wir entscheiden uns für die vermeintlich sichere Schutzhülle, statt die Nase raus in die Luft zu halten und die Flügel schon mal aufzuwärmen für den Abflug. Wobei es auch eine Entscheidung ist, sich nicht zu entscheiden und zu reagieren statt selber zu agieren. Das ist vielen meiner Coaching-Klienten überhaupt nicht bewusst, wenn wir über das Thema Entscheidungen sprechen.

Vordergründig kommen Frauen und Männer zu mir ins Coaching, weil sie Freiheit und Unabhängigkeit vermissen. Sie klagen über zu wenig Zeit für sich, die Familie, zu viel Stress und dass sie immerzu fremdbestimmt seien. Manche beschreiben ihr Lebensgefühl als unbefriedigend, zäh, eintönig. Einige können ihr Befinden gar nicht konkret in Worte fassen. Eine typische Aussage: »Ich will nicht jammern. Eigentlich läuft ja alles gut.« Eigentlich. Der Soziologieprofessor Hartmut Rosa von der Friedrich-Schiller-Universität in Jena beschreibt solche Situationen in einem ZEIT-Interview (18. Juli 2016) folgendermaßen: »Man sagt: Ich habe einen guten Job, ein nettes Haus, eine glückliche und gesunde Familie, es geht mir gut, ich bin zufrieden. Aber wir wissen alle, dass man trotzdem Depressionen haben oder von einem tiefen Gefühl der Leere erfüllt sein kann.« Ein angenehmes materielles Leben ersetzt eben nicht den tieferen Sinn des Lebens und ausfüllende Aufgaben. Und auch Entscheidungen nimmt uns niemand ab.

Der US-amerikanische Autor John Strelecky hat die Sinnsuche in der wunderbaren Frage »Was ist der Zweck deiner Existenz?« komprimiert. Dieser Zweck der Existenz gipfelt Strelecky zufolge in der Frage: »Welche Aufgabe sollst du auf dieser Welt erfüllen?« oder »Was ist der Sinn deines Lebens?«. Lesen Sie »Das Café am Rande der Welt« oder »The Big Five of Life« und zwar unabhängig davon, ob Sie Führungskraft einer Abteilung, eines kleinen Familienbetriebs sind oder »nur« auf der Suche nach einem erfüllteren Leben. Für jeden fällt die Antwort auf die Frage nach dem Zweck der Existenz und die Erfüllung seiner persönlichen Herzenswünsche unterschiedlich aus: Die einen wollen, um die Basis für ein befriedigendes Leben zu bauen, die Arbeitszeit reduzieren, Haushalt und Kinderbetreuung anders regeln. Manche denken über die Reduzierung von Fernsehen und Social-Media nach. Manch einer liebäugelt damit, familiäre oder gesellschaftliche Pflichtbesuche bei der Schwiegermutter oder ehrenamtliche Aufgaben gehörig einzudampfen. Termine zu streichen, Kalender schlanker zu machen für die wichtigen Dinge im Leben. Denn jeder hat nur 24 Stunden am Tag zur Verfügung. Die gilt es so zu gestalten, dass man abends »aufgeräumt« und zufrieden ins Bett gehen kann.

 ## Fünf Dinge, die heute gut liefen

Notieren Sie sich jeden Abend fünf Dinge, die tagsüber gut gelaufen sind. Oder fünf kleine, glückliche Momente, für die Sie dankbar sind – zuhause oder im Büro. »Was, fünf Punkte? Das schaff ich nicht, Heidi, das ist viel zu viel!« Das war die erste Reaktion von Sophie S. auf meinen Vorschlag bei einem Seminar zu Resilienz und Stressmanagement. Einige Minuten später grinste sie: »Jetzt sind mir doch schon drei Sachen eingefallen«. Die Uhr zeigte 11.30. Gute Chancen, dass Sophie auch locker auf fünf gelungene Aktionen kommt bis zum Abend, obwohl ihr das erstmal unmöglich erschien. Kaufen Sie sich ein schönes Notizbuch oder kramen Sie Ihr »altes Modell« wieder raus und vielleicht noch einen Stift, der gut in der Hand liegt. Das motiviert zusätzlich!

Der Hintergrund dieser Aufgabe: Wir sind es gewohnt, unsere Aufmerksamkeit auf Negatives zu richten. Also auf das, was nicht klappt, statt uns auf Positives zu fokussieren. Das hängt vermutlich mit unserer evolutionären Vergangenheit zusammen. Vor Zehntausenden von Jahren war es wichtig, jede noch so kleine Gefahrenquelle zu erkennen und auszuschließen, um zu überleben. Dieser Hab-Acht-Mechanismus wäre zwar heutzutage nicht mehr nötig, doch wir sind eben immer noch »Affen im Anzug«. Das Gute daran:

:: Wir können uns »umprogrammieren«. Unsere Reflexe und Gedan-
:: ken in andere Bahnen lenken. Also halten Sie drei Wochen durch,
:: damit Ihr Gehirn lernt, auf die positiven Dinge im Alltag zu achten,
:: so dass es künftig optimistischer und erfolgreicher arbeitet. Denn
:: rund 21 Tage dauert es aus neurobiologischer Sicht, bis sich neue
:: Verschaltungen im Gehirn verfestigt haben und alte Automatismen
:: verdrängen. Also reine Gewöhnung gemäß dem Motto: Übung
:: macht den Meister.

Wissenschaftliche Studien von Shawn Achor belegen die Wirksamkeit
dieser einfachen Methode. Der Harvard-Professor erforscht seit Jahren das Verhältnis von Erfolg und Glück. »Im positiven Zustand ist
das Gehirn 31 Prozent produktiver. Verkäufer steigern ihre Leistung
um 37 Prozent. Ärzte arbeiten 19 Prozent schneller und akkurater,
wenn ihr Gehirn in einem positiven Zustand ist«, sagte Achor der
The Huffington Post (12. Januar 2017).

Lebenszufriedenheit folgt einer U-Kurve

Während sich Menschen um die 20 herum, also die Twens, ganz
wohl in ihrer Haut fühlen, sinkt die Zufriedenheit bis etwa zum 50.
Lebensjahr. Umgangssprachlich wird diese Phase gerne als Midlife-
Crisis bezeichnet. Nach diesem Tiefpunkt geht es wieder stetig
bergauf, bis mit etwa 75 Jahren die Zufriedenheit wieder sinkt. Das
Wohlbefinden ist also auch eine Frage des Alters und folgt einer
U-Kurve. Wissenschaftler aus 50 Nationen haben das ermittelt und
in der Studie des Center for Economic Performance an der London
School of Economics veröffentlicht. Die Ergebnisse gelten für alle
Bevölkerungsgruppen hinweg und sogar das Befinden von Men-
schenaffen soll dem U-Verlauf folgen.
    Eine Untersuchung von Medizinern der international aner-
kannten University of Oxford und der University of Bournemouth
hat ergeben, dass, wenn ich täglich nur wenige Minuten damit
verbringe, anderen zu helfen, mein eigenes Wohlbefinden, meine
Zufriedenheit und meine Leistungsfähigkeit ansteigt. Helfe anderen
und Du tust Dir Gutes! Der leitende Studienautor, Dr. Oliver Scott

Curry vom Institut für kognitive und evolutionäre Anthropologie an der University of Oxford, sagte: »Menschen sind soziale Tiere. Wir sind glücklich, wenn wir der Familie, Freunden, Kollegen, Gemeinschaftsmitgliedern oder sogar ganz fremden Personen helfen können.«

Bei meiner Coaching-Klientin war dieser Effekt wunderbar zu beobachten: Kerstin M. war völlig genervt von ihrer Arbeit in einer Behörde. Wir arbeiteten an diesem Thema, und von Gespräch zu Gespräch wurde sie entspannter. Sie ging kleine Schritte bei ihrer Veränderung und knackte peu à peu ihren Kokon. Eines Tages kam sie strahlend zum Coaching. »Was ist denn mit Ihnen los?«, fragte ich sie – noch bevor sie den Mantel ausgezogen hatte. »Ich betreue jetzt ein junges, äthiopisches Ehepaar, die als Flüchtlinge zu uns in die Gemeinde gekommen sind.« Wow! Kerstin war so glücklich, etwas tun zu können, zu unterstützen, zu helfen. Einfach nur so, ohne Bezahlung, in ihrer Freizeit. Wo sie sonst immer geklagt hatte, dass sie immer so viel um die Ohren habe und überhaupt nicht wisse, was sie als Erstes tun sollte.

Was hatte sich geändert? Kerstin empfand ihr Ehrenamt als unheimlich sinnvoll und befriedigend. Überhaupt nicht mühsam oder anstrengend. Ich war platt und freute mich riesig für sie. Denn durch diese Erfahrungen war die Verwaltungsfachangestellte deutlich ›gechillter‹ bei der Arbeit. Sie stellte fest, dass sich ihr Ärger über die anstrengende Kollegin, über unabgestimmte Termine oder nicht zu ihr durchgestellte Telefonate in Luft aufgelöst hatten. Sinnvolle, neue Aufgaben erzeugen frische Energie und Glücksgefühle – statt der vielbeschworenen mid-career-crisis: Selbstverwirklung pur. Bei Kerstin entstand ihre Kraftquelle im Ehrenamt. Andere ziehen Kraft und Energie aus Sport, Malen, Zeichnen, Stricken, Basteln, Bauen, Heimwerken oder Musizieren. Ich gehe etwa sehr gerne zu meiner Mädels-Mal-Gruppe, bei einer Freundin. Es geht für mich an diesen Mal-Abenden nicht darum, Bilder oder gar Kunst am laufenden Band zu produzieren, sondern abzuschalten von der Arbeit, zu ratschen und einfach die Zeit zu vergessen, in den Flow zu kommen, kreativ zu werden. Ohne den Anspruch, kreativ sein zu müssen.

Gutes Gefühl: Tun Sie doch, was Sie wollen!

»Ich wollte es halt allen recht machen!« Diesen Satz sagte ein Klient, nachdem er ziemlich konfus zum Coaching erschienen war. »Das Telefonat, dieser Spruch meiner Mutter, das hat mich vorhin so was von auf die Palme gebracht!« Dabei hatte sie es nur gut gemeint und ihrem Sohn helfen wollen. Doch das war in diesem Fall völlig daneben gegangen. Gut gedacht, schlecht gemacht. Denn das Weihnachtsgeschenk für seinen Bruder Jakob war eben zu jenem gelangt, weil seine Mama auf einer Notiz gelesen hatte: »für Jakob«. Leider schon Wochen vor Weihnachten – was die Freude des Bruders kein bisschen getrübt hatte. Die eigentliche Bitte meines Klienten an seine Mutter war gewesen, ihm die Tasche mit mehreren Dingen zu schicken. Und warum regte er sich dann so auf? »Weil meine Mutter das immer so macht. Sie schaut erst nach den anderen und dann auf sich selbst. Sich gleichzeitig aber beklagt, wenn ihre Bekannten erst ihre Schäfchen ins Trockene bringen und sich dann mal um meine Mutter kümmern.«

Wer immer tut, was andere von ihm (vermeintlich) erwarten und sich lieber verbiegt, als Nein zu sagen und sich auf keinen Fall bei den Mitmenschen unbeliebt machen möchte, ist ständig unglücklich und unzufrieden. Der Medizin-Nobelpreisträger Thomas C. Südhof hat diese typischen Verhaltensweisen untersucht. Er selbst hat sich von gesellschaftlichen Konventionen verabschiedet und trägt beispielsweise Birkenstock-Sandalen zum Anzug. Warum? »Weil sie bequem sind. Ich trage sie, wann immer möglich, schon seit Jahrzehnten.« Und was halten die anderen davon? »Das ist mir egal. Für meine Füße ist es besser so. Der Mensch sollte eh viel mehr darauf achten, Dinge zu machen und zu tragen, die ihm guttun«, meinte er in einem Interview mit der FAS (4. Oktober 2015 »Dauerstress schädigt das Gehirn!«).

Ein anderer berühmter Zeitgenosse, Bodo Kirchhoff, ist inzwischen auch in der glücklichen Lage, zu tun, was er gut findet: »Ich muss nicht mehr machen, was ich nicht will.« Der Träger des Buchpreises 2016 gibt Schreibkurse am Gardasee für künftige Schreiber und lebt gut davon. Vom Traum anderer Autoren (FAS 4. Oktober 2015 »Wovon lebt der Poet?«). Ganz im Sinne von

Pippi Langstrumpf agiert Kirchhoff: Ich mache mir die Welt, wie sie mir gefällt!

Was benötigen wir, um wie Astrid Lindgrens Powermädchen ein buntes Leben zu führen? Um unserem Kokon aufzubrechen, unsere Fühler auszustrecken? Eine Handvoll Dinge: etwas Ruhe und Achtsamkeit, Neugierde und Entscheidungsfreude. Das gibt es kostenlos, ständig und immer. Lesen Sie selbst, was Ihnen Flügel verleihen kann. Sie werden mir nach der Lektüre der folgenden Seiten zustimmen, dass es gar nicht so schwierig ist, kleine Änderungen herbeizuführen, die mehr Freiraum mit sich bringen und sich vielleicht die eine oder andere große Baustelle von selbst auflöst.

In der Ruhe liegt die Kraft: Auszeiten für die Muße

In einem Seminar zum Thema Öffentlichkeitsarbeit in Wiesbaden fiel mir auf, dass zwei Teilnehmer ganz große Augen bekamen, als ich eine Feedback-Runde ankündigte. Sie äußerten sich sehr zurückhaltend in der großen Runde, danach, im Sechs-Augen-Gespräch, rückten die beiden Kollegen raus mit der Sprache: »Wir arbeiten in einem Produktionsbetrieb. Bei uns gibt es solche Runden nicht, wo man sagen kann, was man meint. Das ist absolutes Neuland für uns.«

Sich Gedanken zu machen über sich selbst und die Wirkung des eigenen Verhaltens auf andere zu reflektieren, ist oft nicht jedermanns und jederfrau Ding – auch wenn es dafür die Zeit und Möglichkeiten gäbe. Ich mache manchmal zum Einstieg in Seminaren eine Übung, bei der die Teilnehmer drei Minuten lang nur positives Feedback, Lob und Komplimente von der Gruppe bekommen. Viele genießen solch eine »Ressourcen-Dusche«, einige empfinden die Situation als »heißen Stuhl«, manche erleben die Übung als »Lobhudelei« und »nicht zum Aushalten«. Die Skeptiker und Ablehner sind es nicht gewohnt, Komplimente zu bekommen und schon gar nicht drei Minuten lang. Und natürlich ist ein Teil der Kursteilnehmer überhaupt nicht gewillt, sich selbst oder Verhaltensweisen in Frage zu stellen und zu überdenken. Geschweige denn, den anderen Menschen zu glauben, was diese sagen und empfinden. Das zeigt sich in dieser

Übung schnell und zieht gelegentlich eine »mauernde« Haltung nach sich.

 **Selbstgemacht:
Eine »Ressourcen-Dusche« für mich**

Auch wenn Sie alleine zu Hause auf der Coach, im Café oder im Zug sitzen, können Sie sich eine kleine, wohltuende »Ressourcen-Dusche« gönnen. Beantworten Sie folgende Fragen und notieren Sie sich die Punkte. Egal was Ihnen einfällt: Es sind Ihre Ressourcen, Ihre Kraftquellen und Ihre persönlichen Stärken.

- Was schätzt Ihre Familie an Ihnen?

- Welches Hobby / Ehrenamt haben Sie und was macht Ihnen dabei besonders großen Spaß?

- Was fällt Ihnen bei der Arbeit leicht?

- Warum arbeitet Ihre Kollegin gerne mit Ihnen zusammen oder warum teilt sie sich gerne ein Büro mit Ihnen?

- Was ist Ihnen in der letzten Zeit besonders gut gelungen?

- Welche Komplimente haben Sie von Unbekannten oder Freunden bekommen?

- Was tun Sie, um sich zu entspannen?

Lomodo-Strategien: Kleine Lügen und Kontern

Hubert K. etwa ging in einem Rollenspiel, in der es um eine Verhandlung zwischen zwei Betriebsräten und zwei Geschäftsführern zum Thema Betriebliches Gesundheitsmanagement (BGM) im Unternehmen ging, sofort auf Konfrontationskurs mit den Managern. In Wortwahl und Schärfe des Tons. Sowohl die Rückmeldung der anderen Seminarteilnehmer als auch meine Optimierungsideen konterte er mit: »So bin ich halt. Ich verbiege mich nicht.« Klassischer Fall von »Lomodo-Typ« aus Kapitel 3, Sie erinnern sich? Menschen mit dieser Haltung machen es so, wie sie es immer schon gemacht haben. Auf Verbesserungsvorschläge reagieren sie beleidigt oder mit Rückzug. Kognitive Dissonanz nennen das Psychologen: eingestehen, dass ein Fehler passiert ist, steht im Widerspruch zur Selbstwahrnehmung. Wenn Lomodo-Typen einen Job nicht bekommen, liegt das nicht an ihrer mangelnden Qualifikation oder ihrem unsouveränen Verhalten im Bewerbungsgespräch, sondern sie wollten einfach nur mal schauen, wie ihr Marktwert derzeit so ist und »ob man Sie überhaupt noch zu Bewerbungsgesprächen einlädt«, beschreibt Rolf Dobelli in seinem Buch »Die Kunst des klaren Denkens«. Ja nicht das Gesicht verlieren, lautet die Maxime. Stattdessen mit kleinen Lügen seine Gefühlswelt aufpolieren.

Im Fall von Hubert verhindert seine innere Haltung »Ich bin halt so« und die daraus resultierende Sturheit eine Reflexion. Oft nehmen wir uns jedoch nicht die Zeit zum Nachdenken, zum Sinnieren – über uns, über unsere Wünsche, über die Welt. Im Trubel des Alltags gibt es oft keine Zeitfenster, die nicht mit Aufgaben der To-do-Liste gefüllt sind. Die meisten Menschen haben tatsächlich keine Minute für sich, für Muße, fürs Chillen geplant. Sind stattdessen gehetzt – von morgens bis abends. Manche meiner Coaching-Klienten sind so engagiert in ihrem Hamsterrad, dass sie nicht einmal die Zeit finden, auf meine Mails zu antworten. Ich denke da an zwei männliche Führungskräfte: Der eine ist die rechte Hand eines Bürgermeisters in einer bayerischen Kleinstadt, der andere ist leitender Ingenieur bei einer Firma, die Handwerker-Geräte aller Art entwickelt und produziert.

Es ist wirklich nicht einfach, sich dem rasenden Zeitgeist zu entziehen. Wir werden überschüttet von Informationen in Radio, Fernsehen, Internet, Zeitschriften, Tageszeitungen und Werbung aller Art. Dazu kommt das Gefühl, andauernd präsent sein zu müssen – in WhatsApp-Gruppen, Social-Media-Plattformen und mit Selfies zu jeder Tages- und Nachtzeit. Kein Wunder, dass die Zahlen von Burn-out-Erkrankungen, Menschen mit psychischen Problemen und daraus resultierend eine Zunahme der Fehlzeiten bei der Arbeit in den letzten 20 Jahren um 80 Prozent gestiegen sind. Keine Ruhe, kein Rückzug, keine Erholung für Körper und Geist. Stattdessen ständig und immer »kognitive Überfrachtung«, wie Experten dieses Massenphänomen nennen.

Eine Studie des Bundesverbandes Digitale Wirtschaft aus dem Jahr 2015 hat ergeben, dass zwei Drittel aller Smartphone-Besitzer ihr Gerät täglich benutzen – und zwar nicht nur einmal. Informatiker und Psychologen der Universität Bonn haben die App »Menthal Balance« entwickelt und damit das Verhalten von 60.000 Freiwilligen genauer unter die Lupe genommen. Siehe da: Durchschnittlich 53 (!) mal entsperrten die Smartphone-Nutzer ihr Gerät. Umgerechnet bedeutet dies, dass sie alle 18 Minuten auf den Bildschirm blickten – zum Surfen, Apps nutzen, Telefonieren, Nachrichten checken – und dadurch von ihren eigentlichen (ungeliebten) Tätigkeiten abschweiften bzw. sie unterbrachen. Entweder weil sie ganz gezielt das Handy in die Hand nahmen oder durch Blinken, Piepen und Vibrieren auf gerade hereinkommende Nachrichten aufmerksam wurden. Das vernichtende Urteil des Juniorprofessors für Informatik an der Uni Bonn, Alexander Markowetz: »Smartphone-Apps funktionieren wie Glücksspielautomaten. Wir betätigen sie immer wieder, um uns einen kleinen Kick zu holen.«

Bei einer sechswöchigen Studie mit 50 Studenten war die Handynutzung noch höher: »Die Ergebnisse waren zum Teil erschreckend«, kommentiert Dr. Christian Montag. Dem Privatdozenten für Psychologie an der Bonner Universität zufolge verbrachte ein Viertel der Probanden zwei Stunden täglich mit dem Smartphone, durchschnittlich aktivierten es die Studienteilnehmer 80 Mal pro Tag. Also tagsüber alle zwölf Minuten.

Menschen können sich schlechter konzentrieren als Goldfische

Die häufigen Unterbrechungen der normalen Arbeitsabläufe stören die Konzentration entscheidend und führen zu Unproduktivität und mangelndem Glücksempfinden. Dabei gilt die Binsenweisheit unter Psychologen seit Jahren: eine Aufgabe nach der anderen abzuarbeiten, ist effektiver als mehrere Dinge parallel. Der Mensch ist einfach nicht multitaskingfähig, auch wenn viele das immer noch nicht glauben mögen – insbesondere Frauen … Die Aufmerksamkeitsspanne von uns Menschen ist durch die stete Anwesenheit von Handy, Tablet und Computer in den vergangenen 15 Jahren unter Goldfisch-Niveau gesunken. Ja, Daueruser können sich weniger lang und damit schlechter konzentrieren als Goldfische: Sie schafften es nur acht Sekunden, während es die Fische auf neun Sekunden brachten. Das ergab eine Versuchsreihe von Microsoft mit 2000 Kanadiern im Jahr 2015. Die Studie zeigte zudem einen Trend zum »second screen«. Zwei Drittel der Befragten beschäftigen sich beim Fernsehen parallel noch mit ihrem Tablet oder Smartphone.

Ich kenne nur wenige Leute, die sich diesem ständigen Gruppen- und Präsentationszwang, dauererreichbar durch elektronische Geräte wie Smartphones zu sein, ganz konsequent entziehen. Meine Freundin Cynthia – Sie erinnern sich vielleicht an die Zahngeschichte aus Kapitel 3 – ist eine davon. Ihr Handy schaltet sie am Wochenende aus, beim Festnetz geht nur der automatische Butler ran. Bei Aktionen wie gemeinsamem Kochen, Kinobesuchen oder Geburtstagsfeiern ist sie nur sporadisch dabei. Sie ist eine Einzelgängerin – mit großem Rückzugsbedarf und wenig Mitteilungsbedürfnis.

Viele Studien zeigen, dass Auszeiten zum Verschnaufen, Kraft sammeln, Regenerieren und die Akkus aufladen ein absolutes Muss sind. Und dafür müssen wir neben unserem täglichen Pflichtprogramm Zeit einplanen. In der Arbeit und zu Hause. Das macht niemand für uns. Dinge und liebgewordene Tätigkeiten streichen, wie etwa Staubsaugen. Roberta Z. konnte sich das nicht vorstellen. »Nein, Staubsaugen muss ich!« Jeden Tag? »Ja, jeden Tag.« Ist es so dreckig bei Ihnen? »Nein, natürlich nicht.« Und warum machen Sie das dann? »Weil ich es sauber haben will.« Am Ende des Seminars zum Thema »Burn-out«, beim Verabschieden, sagte Roberta zu mir: »Du hast schon recht, Heidi, die Staubsaugerei ist natürlich Quatsch. Ich muss darüber nachdenken. Ich habe ja diese Woche festgestellt, dass ich einen wahnsinnigen Perfektionismus-Antreiber habe.«

Menschen wie Roberta, die ständig mit ICE-Tempo durchs Leben düsen, gehören zum Kundenkreis von Anselm Bilgri. Der Vortragsredner und Buchautor war bis 2004 Benediktiner-Mönch, Cellerar und Prior des Klosters Andechs. Der weltliche Mönch hat nach seinem Austritt aus dem Orden in Gräfelfing bei München die

»Akademie der Muße« gegründet und bietet seit 2013 Seminare wie »Tage des Innehaltens« oder Symposien zu spirituellen, philosophischen und neurobiologischen Themen an. Muße ist dem katholischen Seelsorger zufolge die Zeit, »in der man Dinge tut, die einem wirklich Freude machen, die Schwung bringen und inspirieren«.

Innehalten, das Hamsterrad anhalten, aussteigen und andere Prioritäten im Kalender und Terminplan setzen. Dazu muss ich erstmal den Kopf frei haben. Das gelingt nur, wenn ich Muße, Ruhe und Stille habe und nicht umtost bin vom medialen Dauerrauschen. Ohne Ablenkungen von außen kann ich erst eruieren, wo Zeiträuber unterwegs sind. Aber auch, wo meine Kraftquellen liegen, mit denen ich die Batterien aufladen kann. Denn wenn wir im Dauerstress sind, überfluten Hormone wie Adrenalin, Noradrenalin und Cortisol unsere Blutbahnen und wir kommen nicht mehr an unseren Neokortex im Gehirn heran, der zuständig für analytisches Denken und Planen ist. Auszeiten und Pausen sind kein Luxus, sondern notwendig. Nur dann ist man in der Lage, überhaupt über die Frage nachzudenken: An welchen Schrauben will ich drehen? Ständig auf Empfang zu sein, 24 Stunden am Tag, 7 Tage pro Woche und 365 Tage im Jahr, ist kontraproduktiv und verhindert kreative oder meditative Momente. Keine Zeit, keine Freiräume, keine Muße, keine neuen Ideen oder Gedanken.

 ## »Ich mache« macht vieles leichter

Da fällt mir eine ganz einfache Methode ein, die hilft, Druck rauszunehmen: Ersetzen Sie im Alltag doch einfach mal die Formulierung »Ich muss« mit »Ich will« oder »Ich mache«. Sie werden schnell merken, wie sich der gefühlte Arbeitsberg auf dem Schreibtisch in viele machbare Einzelarbeiten verwandelt. Damit können Sie auch beim automatisierten Griff zum piependen Smartphone innehalten und sich fragen: »Muss ich da jetzt ran?« bzw. »Will ich jetzt tatsächlich wissen, was gerade reinkommt?« Fühlt sich anfangs komisch an, gelingt aber! Und mein Smartphone hat rechts oben am Gehäuse einen Schalter zum Ausschalten. Vielleicht hat Ihres auch so einen Knopf.

Lust auf Neues und Experimente

Es ist ein Irrglaube anzunehmen, dass mehr Informationen automatisch zu klügeren Entscheidungen führen. Oder anders formuliert: Hüten Sie sich davor, Info um Info zu sammeln, es nützt nichts. Sie werden bessere Entscheidungen treffen mit weniger Rechercheaufwand. Rolf Dobelli rät Menschen mit Hang zum »Informations-Bias«: »Versuchen Sie, mit dem Minimum an Informationen durchs Leben zu kommen. (…) Was man nicht wissen muss, bleibt wertlos, selbst wenn man es weiß.«

Nicht nur in puncto Entscheidungen ist das Prinzip »Weniger ist mehr« hilfreich. Es macht viel mehr Spaß, Dinge auszuprobieren und zu testen, als von anderen darüber zu hören. Für mich – klar ich bin auch eine neugierige Journalistin im Grunde meiner Seele – galt schon immer die Maxime: »Probiere erst einmal alles aus und bilde dir dann ein Urteil. Erst dann kannst du mitreden.«

Gespräche mit anderen helfen, neue Sichtweisen oder Einsichten zu gewinnen, die wir vorher so noch nicht hatten. Meinungen sind jedoch die Gedanken, Haltungen oder Einstellungen von anderen. Sie treffen nicht zwangsläufig auf uns zu. Was stimmt für mich? Wir haben so einen inneren Kompass, einen inneren Seismografen. Doch der ist oft verschüttet, unter Alltagskram, unter Unbedeutendem, das aber die ganze Aufmerksamkeit benötigt. Ziel ist es, wieder unsere Fühler auszustrecken, die inneren Stimmen und Impulse wahrzunehmen und sie auszurichten auf die eigenen Bedürfnisse.

Sich spüren, wahrnehmen, hinhören, darauf vertrauen, sich verlassen. Gelingt manchen allein oder mit Hilfe von Freunden und Familie. Andere benötigen die Unterstützung von Therapeuten, Coaches, Heilpraktikern, Astrologen und, und, und. Auch da gilt es herauszufinden, was einem guttut. An Angeboten mangelt es nicht. Eher herrscht die Qual der Wahl vor. Der einzige Ausweg aus diesem Dilemma: ausprobieren und experimentieren! Das geht auch im Alltag gut. Machen Sie jeden Tag etwas, was Sie vorher noch nie so gemacht haben. Es reichen Kleinigkeiten. Sein Verhalten zu variieren macht Spaß, bringt neue Erfahrungen und bietet jede Menge Erzählstoff, mittags in der Kantine oder abends in der Kneipe. Klar, das Experimentieren geht manchmal schief. So wie bei mir, in mei-

nem asiatischen Lieblings-Restaurant um die Ecke: Ich habe nicht
wie immer Nummer 73, Gemüse mit Ente in Curry-Kokosmilch
gegessen, sondern bestellte Nummer 62. Und was soll ich sagen:
Das Rindfleisch in Zitronengras-Basilikum-Soße war okay. Mehr
aber auch nicht. Beim nächsten Besuch habe ich auf die bewährte
Speisenwahl gesetzt. Ganz entschieden, ohne zu zögern!

Der Schauspieler Russel Crowe etwa düst mit seinem Mountainbike los, ohne Ziel und Plan, lässt sich treiben. Das brauche er nach
Wochen am Filmset, sagte er in einem FAS-Interview »Mein Image
interessiert mich nicht« (1. Juni 2016). »Ich besitze Land im austra-
lischen Busch, wo ich Rinder züchte. Oder ich fahre Mountainbike.
Neuerdings fahre ich Strecken, auf denen ich sonst nur mit dem Auto
unterwegs war, mit dem Rad. Alter, ich kann Ihnen versichern: Das
ist höllisch anstrengend und trotzdem eine gute Meditation. Ich
fahre mit dem Rad auch gerne ins Blaue, ohne zu wissen, wo ich
ankomme. Ich habe es schon einmal gesagt, aber Neugier ist für mich
sehr wichtig und eine echte Bereicherung meines Lebens. Denn sie
führt mich immer wieder an besondere Orte.«

Ich kann das gut nachvollziehen. Nach Seminarwochen habe
ich auch das Bedürfnis, mich einfach treiben zu lassen. Mit offenen
Augen und Ohren durch die Welt gehen, Neugierde für andere,
für das Außen, aber auch für das Innen. Sie erinnern sich an die
»nervigen« Warum-Fragen von Kindern (siehe Kapitel 2)? Genau
darum geht es: Sich nicht von scheinbaren Fakten leiten zu lassen,
sondern nachzufragen, in Frage zu stellen und aus einem anderen
Blickwinkel draufzuschauen.

Das hilft sicher: Mutig vorwärts gehen

Diese Fähigkeit, neugierig zu schauen und nachzufragen, geht auf
dem Weg vom Kind zum Erwachsenen verloren. Warum ist das so?
Warum hören wir auf, Fragen zu stellen und Dinge anzusprechen,
die uns auffallen oder berühren? Albert Einstein soll gesagt haben:
»Die höchste Form des Wahnsinns ist es, eine Verhaltensweise wieder
und wieder einzusetzen und zu glauben, irgendwann ein anderes
Ergebnis zu erreichen.« Es gibt mehrere Gründe: Nachfragen kostet

einen klaren Kopf, Zeit und eine offene, innere Haltung. Wenn wir jedoch in unserem Hamsterrad eine Runde nach der anderen drehen, sind diese Voraussetzungen in weiter Ferne. Dann sind wir mit dem beschäftigt, was vor uns liegt, haben jedoch keine Augen für das, was links und rechts liegt.

Sich an die Gegebenheiten anpassen, auch das schränkt die Neugierde ein. Wenn Sie sich in einem Umfeld befinden, das eher von Neid, Missgunst und Ellbogenmentalität geprägt ist, werden Sie sich wohl eher davor hüten, Fragen zu stellen. Sie wollen ja nicht blöd vor dem Chef, der Kollegin oder Ihrem Kunden dastehen. Auch wenn Sie dringend noch zusätzliche Informationen benötigen würden. Journalisten haben es in dieser Hinsicht gut. Es gilt die Maxime: Es gibt keine blöden Fragen, sondern nur blöde Antworten! Probieren Sie mal, so zu tun, als ob es ihr Job wäre, möglichst viele Fragen zu stellen, um möglichst viele Informationen zu bekommen.

Immer wieder geraten wir in Situationen, in denen wir uns ziemlich plump und unbeholfen vorkommen. Nicht wissen, wie man sich am besten verhält. Ohne peinlich zu sein. Etwa beim Zusammentreffen mit gehandicapten Menschen. Also zumindest geht es mir so. Ein Beispiel, damit Sie sich vorstellen können, was ich meine: Ich saß in meinem Stammcafé, draußen, unter der orangen Markise, im Schatten bei gefühlten 30 Grad, und schaute irgendwie durch die Gegend. Dabei fiel mir ein Mann auf, der seinen Rollstuhl mit großer Kraftanstrengung im Schneckentempo, Zentimeter um Zentimeter bewegte. Schweißtropfen liefen ihm über die Wangen. Ach, wie mühsam, dachte ich. Welche Krankheit hat er nur? Soll ich ihm helfen? Ihn fragen, meine Hilfe anbieten? Ich wusste nicht, wie ich mich »richtig« verhalten sollte, war hin- und hergerissen. Von den anderen Gästen kannte ich niemand, so dass eine Beratschlagung unmöglich war. Hmm, was tun? Dann fasste ich mir ein Herz, ging zu ihm hin und sagte den Satz, den ich mir bereitgelegt hatte, der mir geeignet schien, ihm nicht zu nahe zu treten und gleichzeitig Unterstützung zu signalisieren: »Entschuldigen Sie bitte, ich habe gesehen, dass Sie sich sehr anstrengen müssen, damit sich Ihr Gefährt vorwärtsbewegt. Darf ich Ihnen helfen?« Und was glauben Sie, was ist passiert? »Oh, das ist aber schön, dass Sie fragen. Ja, gerne nehme ich Ihr Angebot an. Die Hitze strengt mich wahnsinnig an.« Dann habe ich Christos bis vor seine Wohnung geschoben und wir haben uns gut dabei unterhalten. Er war happy und ich auch. Wenn ich jetzt Christos zufällig im Café treffe, plaudern wir über dies und das und wenn er seinen Cappuccino mit dem Strohhalm getrunken und seine Zigarre geraucht hat, fahre ich ihn heim. Ganz unkompliziert. Kleine Tat, große Wirkung, tolles Gefühl.

Werte bringen Herzen zum Klingen

Dass man andere Menschen unterstützt und ihnen bei was auch immer hilft, das habe ich schon als kleines Mädchen gelernt. Hilfsbereitschaft war und ist in meiner Familie selbstverständlich. Darüber wurde nicht diskutiert, es wurde einfach gemacht. Daher ist es für mich auch keine Frage, dass ich in der Urlaubszeit die Balkonblumen meiner Nachbarn gieße oder kurz vor Weihnachten die Heizungsableser in mehrere Wohnungen begleite. Und wenn ich in die Ferien fahre, werden meine Pflanzen natürlich auch gewässert. Eine Hand wäscht die andere, nennt der Volksmund das, was auf akademischer Ebene als Werte bezeichnet wird. Also das, was uns wichtig ist, was uns am Herzen liegt und was die Basis unseres Lebens ist. Werte sind individuell verschieden, sie symbolisieren für uns Lebensqualität und beeinflussen sich gegenseitig. Unsere persönlichen Wertvorstellungen sind nicht verhandelbar und wir versuchen immer, sie zu verfolgen und sie zu bekommen. Im günstigsten Fall.

Denn manchmal verlieren wir sie im hektischen Alltag aus den Augen. Später bereuen wir, dass wir nicht das gemacht haben, was wir eigentlich wollten und was uns wichtig ist. Über dieses Thema hat Bronnie Ware das Buch »5 Dinge, die Sterbende am meisten bereuen« geschrieben. Der Titel sagt schon alles. Auf dem Sterbebett bedauern Menschen meistens nicht die Sachen, die sie gemacht haben, sondern das, was sie nicht getan haben. Zusammengefasst sind das folgende Sätze:

> »Ich wünschte, ich hätte den Mut gehabt, mein eigenes Leben zu leben.«

> »Ich wünschte, ich hätte nicht so viel gearbeitet.«

»Ich wünschte, ich hätte den Mut gehabt, meine Gefühle aus-
zudrücken.«

»Ich wünschte mir, ich hätte den Kontakt zu meinen Freunden
aufrechterhalten.«

»Ich wünschte, ich hätte mir erlaubt, glücklicher zu sein.«

Werte sind wie bunte Blumen: Sie ziehen uns magisch an. Wenn
wir sie im Blick haben, geben sie uns eine klare Orientierung. Wir
wissen dann, welche Route wir nehmen müssen, um sie anzusteuern
und um uns dann gut zu fühlen. Werte bringen unser Herz zum
Klingen, sie beflügeln uns und wenn es uns gut geht, geht es auch
der Familie, Freunden, Vereinskameraden und Partner/in gut. Hört
sich einfach an, ist es zugegebenermaßen nicht immer. Wenn ich
Coaching-Klienten oder Seminarteilnehmerinnen frage: »Was ist
Ihnen wirklich wichtig?«, antworten die meisten ohne zu zögern
und mit der Wimper zu zucken: Familie, Freundschaft, Sicherheit,
Vertrauen, Freiheit und Gesundheit. Mit diesen Bedürfnissen ist nicht
zu spaßen: sie sind weder verhandelbar noch diskutierbar und daher
oft Grund für Missverständnisse, Konflikte, Scheidungen, Jobwechsel
und Kündigungen. Denn dabei geht es nicht um willkürliche, belie-
bige oder spontane Einfälle, sondern wir verfolgen das, was wir wirklich
wollen, ständig mit großer Inbrunst und langem Atem. Bewusst und
gezielt oder automatisch. Und verteidigen unsere Werte zielstrebig
gegen Widerstände. Wenn es sein muss, mit den schärfsten, uns zur
Verfügung stehenden Waffen – und nehmen auch unangenehme
Begleiterscheinungen in Kauf. Ohne zu Murren.

Steiler Aufstieg, tiefer Fall

Ein Paradebeispiel dafür ist die Geschichte von Ivo. Schon als
kleiner Bub war ihm das wichtigste auf der Welt Fußball, Fußball,
Fußball. Dass der Sohn kroatischer Eltern Profi-Kicker werden
wollte, versteht sich von selbst. Sein Vater unterstützte die Leidenschaft des Sohnes, die auch seine eigene war und ist. »Nachmittags waren wir, mein Papa, mein Bruder und ich, immer auf
dem Fußballplatz«, erinnert sich Ivo. In der Jugend spielte er für

den FC Bayern München und bei 1860 München, dann stand
Ivo für das Junioren-Nationalteam von Kroatien auf dem Rasen.
Mit einem Kreuzband-Riss begann damals die Misere: »Zwei Jahre
lang, zwischen 17 und 19, war ich verletzt. Das war eine harte
Zeit.« Doch Ivo kämpfte sich zurück, mit allen Mitteln, die ihm
zur Verfügung standen. Mit Disziplin, Ehrgeiz, Entbehrungen,
Verzicht auf Genüsse aller Art. Statt mit seinen Kumpels durch
Clubs und Discos zu ziehen, ging Ivo um 22.30 Uhr pünktlich
ins Bett und ernährte sich so, wie sein persönlicher Berater und
Trainer Jens es ihm empfahl. Ihm seien die konsequente Taktung
seines Tages und die harten Trainingseinheiten überhaupt nicht
schwergefallen. »Ich war überzeugt von dem, was ich tat, und
habe alles für den Fußball gegeben. Ich wusste, welche Möglichkeiten ich habe und welche körperliche Leistungsfähigkeit.« Der
Lohn für die Arbeit: Mit 20 bekam er einen Vertrag bei einem
kroatischen Erstliga-Verein. »Das war eine super Zeit, wir haben
international gespielt und ich hatte meine Verwandtschaft in der
Gegend.«

Es ging steil bergauf, fußballerisch gesehen. Doch das Drum-
herum war eine Katastrophe: Der Club zahlte von einem Tag auf
den anderen weder Gehalt noch Prämien, ein Wechsel zu einem
anderen Verein wäre nur nach Ablauf einer neunmonatigen
Sperre möglich gewesen. Kein Anwalt dieser Welt konnte dem
ehrgeizigen Kicker helfen. »Dann stand ich da, mit 22, ohne Geld,
ohne Vertrag, am Boden zerstört.« Der Traum vom Profifußballer
vorbei, die Flügel drastisch gestutzt.

Ivo zog sich in seinen Kokon zurück, lehnte wohlwollende
Unterstützung ab, stieß Verwandte in seiner emotionalen Achter-
bahnfahrt immer wieder vor den Kopf. Mit Hilfe seiner Familie
und Freunde überstand er jedoch diese Phase und den sportlichen
K.O. – und mit seiner Disziplin, seinem Ehrgeiz und Durchhaltevermögen. Ivo machte das Abitur nach, bekam ein Stipendium
und war ein Jahr lang in Florida, studierte in Orlando und spielte
Fußball in der Collegemannschaft. Und blühte wieder auf. Jetzt
studiert er Volkswirtschaftslehre und spielt, natürlich, immer
noch Fußball. In der Landesliga, viermal pro Woche Training
inklusive. »Ich hatte gute Lehrer, die mir Freude am Lernen,

an Mathe und Philosophie vermittelten. Für mich machte das Lernen Sinn. Je mehr ich lernte, desto mehr Spaß machte es. Das ist wie beim Sport.«

Trainierte Ivo früher in erster Linie auf dem Fußballplatz seinen Körper, Technik und Taktik, übt er jetzt in und nach der Uni Verhaltensmuster fürs Leben ein. Er liest viel und hat das Kapitel Profifußball abgeschlossen. »Ich fühle mich jetzt seelisch besser, nachdem ich gelernt habe, dass nicht immer alles super perfekt sein muss und sich Erfolge nicht übers Knie brechen lassen.« Ivo hat in einer erneuten Kokonphase viel über sich, sein Verhalten und seine Einstellungen gelernt und seine Flügel neu entfaltet. Nun genießt er neugierig das Studentenleben. Natürlich nicht maßlos, sondern im Einklang mit sich und den Dingen, die ihm wichtig sind. Oder wie es der hawaiianische Bestsellerautor Robert Toru Kiyosaki formulierte: »Verlierer hören auf, wenn sie scheitern, Gewinner scheitern, bis sie Erfolg haben.«

 **Was ist Ihnen wirklich wichtig?**

Werte beschreiben die Qualität einer Charaktereigenschaft. Wiedergegeben werden die als moralisch gut empfundenen Eigenschaften in der deutschen Sprache mit Substantiven, also Hauptwörtern. Schauen Sie sich die Liste in Ruhe durch. Falls Sie weitere Wertvorstellungen haben, die hier nicht aufgehört sind, ergänzen Sie sich einfach.

Liebe, Frieden, Behaglichkeit, Mobilität, Abenteuer, Muße, Heirat, Ehe, Zuhause, Gesundheit, Ökologie, Anerkennung, Ehrlichkeit, Reisen, Abhängigkeit, Alleinsein, Ruhe, Zugehörigkeit, Charisma, Miteinander teilen, sich um andere kümmern, Aussehen, Kinder, Popularität, Freiheit, Sicherheit, Macht, Gelassenheit, Religion, Weisheit, Persönlichkeit, Nähe, Erfolg, Anerkennung, Klugheit, Erholung, Geld, Prestige, Spiritualität, Sport, Unabhängigkeit, Leidenschaft, Wissen, Kritikfähigkeit, Reichtum, Spaß, Freundschaft, Herausforderung, Gerechtigkeit, Kompetenz, Glaube, Miteinander, Vergnügen, Vertrauen, Ordnung, Team, Familie, Bequemlichkeit, Einfluss, Kreativität, Pünktlichkeit, Solidarität,

Autonomie, Selbstverwirklichung, Authentizität, Achtsamkeit, Selbstentfaltung, Haltung, Glück, Zufriedenheit, Emanzipation, soziales Engagement, Kunst …

Welches sind Ihre derzeitigen Favoriten? Notieren Sie sich Ihre Werte. Sie müssen Sie nicht wie in der Rankingliste nach Wichtigkeit ordnen!

1. ....

2. ....

3. ....

4. ....

5. ....

6. ....

7. ....

8. ....

9. ....

10. ....

Haben Sie Ihre zehn wichtigsten Werte, die Ihnen Lebensqualität bringen, notiert? Dann kommen wir zum nächsten Schritt: Gehen Sie die Liste noch einmal durch und kennzeichnen Sie Ihre drei Top-Werte. Tragen Sie sie in die linke Spalte der folgenden Tabelle ein. In der mittleren Spalte geht es darum, dass Sie sich Gedanken machen, welche Bedeutung die Werte für Sie haben. Warum ist beispielsweise »Treue«, »Spaß« oder »Ehrlichkeit« für Sie unerlässlich und in welchen Situationen? Gibt es Unterschiede, auch was

Personen anbelangt? Notieren Sie sich Ihre Gedanken. Und in die rechte Spalte tragen Sie den momentanen Erfüllungsgrad ein, auf einer Skala von 0 bis 100 Prozent.

Werte (Top 3)	Bedeutung dieser Werte für mich	derzeitiger Erfüllungsgrad in %

Letzter Schritt: Mit welchem Erfüllungsgrad Ihrer Top-Drei-Werte sind Sie zufrieden? Wo gibt es noch Optimierungsbedarf? Falls Sie einen Wert eruiert haben, mit dem Sie nicht ganz glücklich sind, kann Ihnen das MARIOPOSA-Prinzip helfen, in den Prozent-Bereich zu kommen, den Sie gerne hätten. Justieren Sie – falls nötig – Ihre Werte neu, ihre Lebensqualität.

Jetzt aufbrechen und machen, statt später bereuen – heißt die Devise. Seien Sie ihr eigener Held, orientieren können Sie sich dabei am MARIPOSA-Prinzip. Es ist die Anleitung zum freudigen und facettenreichen Schmetterlings-Dasein.

6. Das Mariposa-Prinzip

Heute aus dem Gestern für morgen lernen

Vielleicht haben Sie schon einmal eine Karte zum Geburtstag bekommen mit der Aufschrift: »Bleib so wie du bist!« Wenn Sie gut drauf waren, haben Sie wahrscheinlich gedacht: Ja genau, passt. Wenn die Geburtstagskarte jedoch im Briefkasten landete, als Sie gerade frisch getrennt waren oder Ihr Unternehmen in finanzieller Schieflage nahe am Konkurs vorbeischrabte, haben Sie die Karte vermutlich zerrissen und weggeworfen.

Veränderung gehört zum Leben – das haben Sie ja in den vorherigen Kapiteln an vielen Beispielen gesehen und in Ihrer eigenen Biografie, an Ihrem persönlichen Lebens-EKG (Kapitel 4 »Raus aus dem Kokon«) ablesen können. Sie können Schwierigkeiten weder verhindern noch können Sie ihnen ausweichen. Doch sie bieten uns die Möglichkeit, wieder von vorn zu beginnen, erneut loszulegen oder sogar durchzustarten. Wenn es uns umhaut und sich der Abgrund auftut, müssen wir das Chaos jedoch erst einmal aushalten, ehe wir aus den Erfahrungen und Erlebnissen von gestern für morgen lernen.

Der Mensch ist, wie auch der Schmetterling, ein lebendiger Organismus. Schön, dass Sie sich auf die spannende Reise bis zum Flug des Schmetterlings begeben und Parallelen zu sich als Individuum erforscht haben. Jetzt sind wir am Ende des Buches. Der Kokon ist geknackt, abenteuerliches Neuland wartet auf Sie. Sie haben es geschafft!

Schon anfangs habe ich ja versprochen, dass Sie mit Hilfe des MARIPOSA-Prinzips künftig Ihren persönlichen Weg mit Leichtigkeit gehen und Ballast abwerfen können. Das MARIPOSA-Prinzip unterstützt Sie, den engen, bedrückenden Kokon zu knacken und die Flügel zu entfalten. Es komprimiert kleine, alltagstaugliche Verhaltenstipps für ein selbstbestimmtes, beschwingtes und zufriedenes Leben!

Das Mariposa-Prinzip: Eins, zwei, drei – mach dich frei!

Mariposa ist das spanische Wort für Schmetterling. Ich nutze es als Akronym. Dabei steht jeder Buchstabe von Mariposa für eine Tätigkeit des von mir entwickelten MARIPOSA-Prinzips.

M = Mut

A = Ausdauer

R = Ruhe

I = Initiative

P = Perspektive

O = Offenheit

S = Sinn

A = Anfangen

 *Trauen Sie sich!*

Würden Sie sich trauen, in der Münchener Olympiahalle vor Tausenden von Menschen auf die Bühne zu gehen? Obwohl Sie nicht wissen, was auf Sie zukommt? Einfach so? Carina aus dem Allgäu hat genau das beim Motivationstag 2017 gemacht: Sie hat sich als Freiwillige gemeldet! Erst war die junge Frau sehr nervös, dann heftig irritiert. Denn Persönlichkeitsforscher und Trainer Thomas Frei aus der Schweiz schnitt kurzerhand die Füße ihrer schwarzen Strumpfhose ab. »Sonst kannst du ja nicht über den roten Teppich mit den Scherben gehen!«

Carina schluckte, zögerte, zuckte und wehrte sich. »Nein, das kann ich nicht!« Sie wirbelte im Schleudergang ihrer Gefühle. In ihrem Gesicht war das deutlich zu sehen. Eine gefühlte Ewigkeit passierte nichts. Die Zuschauer auf den Rängen hielten die Luft an. Dann machte Carina behutsam den ersten Schritt. Unter tosendem Beifall ging sie barfuß über die Scherben – und über sich hinaus. Sie hatte für einen Moment ihre Angst besiegt. Und damit einen ersten, wichtigen Schritt getan. Denn bei Veränderung gilt: Der Mut muss größer sein als die Angst!

Angstgefühle sind nichts anderes als ein innerer Widerstand, ein Mechanismus, sich selbst vor einem befürchteten Versagen zu schützen. Natürlich hatte auch Carina Angst, als sie auf die Bühne ging. Das erzählte sie, nachdem sie die fünf Stationen erfolgreich gemeistert hatte. Anfangs war sie gefangen, in ihrem eigenen Kokon – wie eine Raupe. Am Ende, nach einer 30-Minuten-Metamorphose, war Carina ein Schmetterling. Strahlend, erleichtert, stolz auf ihre Leistung, ihren Mut, und beflügelt von ihrem Erfolgserlebnis. Die gekürzte Strumpfhose wie eine Trophäe in der Hand.

Halten Sie Ihre »Fressfeinde« auf Abstand!

Was der Allgäuerin geholfen hat, das kann auch Sie unterstützen, Ihre Komfortzone mutig zu verlassen. Keine Sorge, Sie müssen nicht barfuß über Scherben gehen! Es genügt, wenn Sie sich die folgenden Fragen stellen und sie für sich beantworten. Am besten schriftlich. Vielleicht haben Sie sich ja bereits ein schönes Notizbuch und einen gut in der Hand liegenden Stift besorgt, um Ihre Gedanken festzuhalten. Geht natürlich auch elektronisch, mit Smartphone oder Computer.

1. Welche sind Ihre persönlichen Gang-über-die-Glasscherben-Situationen? Vor was graust Ihnen – nur beim Gedanken daran? Einen Vortrag halten vor Ihrem Hauptkunden? Endlich einen Termin für die Krebsvorsorge-Untersuchung vereinbaren? Oder Ihren Partner bitten, auf die Kinder aufzupassen, während Sie mit einer Freundin ein Wellness-Wochenende verbringen?

2. Haben Sie eine Situation entlarvt, die Sie künftig gerne ändern möchten? Dann stellen Sie sich vor: Wenn Ihr Bauchgefühl mitreden könnte, was würde es Ihnen empfehlen? Wie könnten Sie sich verhalten? Was könnten Sie sagen? Wer könnte Sie unterstützen?

3. Schmetterlingsraupen und erwachsene Falter haben verschiedene Möglichkeiten, sich gegen Fressfeinde zu wehren: sie tun so, als ob sie ein welkes Blatt oder ein giftiges Tier wären. Sie tarnen und täuschen. Die Raupe des Schwalbenschwanzes etwa versprüht bei Gefahr – ähnlich wie Ameisen – eine Säure mit beißendem

Geruch. Mal angenommen, Sie wären eine Schwalbenschwanz-Raupe. Was würden Sie tun, wie könnten Sie sich verhalten und sich abgrenzen? Wenn Sie Ihren Fressfeinden begegnen, also Menschen, die ständig etwas von Ihnen wollen und Ihnen Energie und Zeit rauben. Was könnte Ihre »Giftspritze« sein?

4. Wenn Sie Ihr Ziel vor Augen haben und sich vorstellen, künftig gelassener durchs Leben zu gehen und Situation XY entspannter anzugehen: woran würden Sie erkennen, dass Sie wie ein Schmetterling durch die Luft schweben? Ihnen Dinge leichter von der Hand gehen? Wie würden Sie sich fühlen?

5. Welche bunten Blüten – im Sinne von Kraftorten, Energie-Tankstellen – könnten Sie künftig ansteuern, um sich für schwierige Gespräche oder stressige Momente zu wappnen? Wobei können Sie sich entspannen? Welches Hobby erfüllt Sie? Ich radle etwa an der Isar entlang, gehe Zeitunglesen in ein Café oder fahre zur Ludwigshöhe – eine Anhöhe südlich von München mit fantastischem Bergpanorama.

6. Was müssten Sie tun, um mutigere Entscheidungen zu treffen? Wie können Sie sich selbst ermutigen und sich trauen, das zu tun, was Ihnen guttut oder von dem Sie vermuten, dass es Ihnen Freude bereitet? Selbst dann, wenn Bekannte oder einzelne Familienmitglieder es nicht gut heißen?

 **Dranbleiben lohnt sich!**

Disziplin, Ausdauer, Beharrlichkeit, Dranbleiben – das sind die Erfolgsqualitäten von Sportlern und erfolgreichen Menschen. Wie auch immer die Einzelnen für sich Erfolg definieren. Sie lassen sich jedenfalls auf ihrem Weg weder von kleinen Widrigkeiten und Stolpersteinen abbringen noch geben sie nach dem ersten Misserfolg auf. Zweifeln, Scheitern, das gehört für sie dazu. Rückschläge, Niederlagen, Stillstände im Kokon – das sehen sie als Erfahrungen an, aus denen sie lernen und profitieren. Eine ganz typische Denkweise des Maestro-Typs (vgl. Kapitel 3 »Mein Kokon, mein Biotop«)! Ein Maestro hat das Wort »aufgeben« nicht in seinem Repertoire.

»Der Weg ist das Ziel!« Ein vielzitiertes Mantra von zufriedenen
Männern und Frauen. Auf Durststrecken, die zwangsläufig im Leben immer mal wieder auftauchen, auf die Sie sich jedoch mental
eingestellt haben, motivieren Sie sich immer wieder selbst mit einem
bejahenden, positiven Satz. Solche Sätze können sein: »Halte durch!«,
»Du schaffst das schon«, »Das wäre ja gelacht, wenn ich das nicht
hinbekommen würde!« oder »Umwege erhöhen die Ortskenntnis«.
Sie haben sicher auch so einen Satz, oder?

Ein weiteres Erfolgsrezept: mit der Kraft haushalten und ein klu-
ges Energiemanagement verfolgen. Also sich nicht jeden Tag völlig
auspowern, von morgens bis abends. Immer wieder Pausen machen
und sich erholen. Körper und Geist benötigen Phasen ohne Input.
Ohne Millionen neuer Infos aus Smartphone, Laptop oder Fernsehen. Wir können wählen: uns von der Datenflut mitreißen, ablenken lassen oder den geordneten Rückzug antreten. Uns in unseren
Kokon zurückziehen. Uns abschotten von der Außenwelt. Die Seele
baumeln lassen. Um Körper und Geist zu regenerieren, das innere
Gedankenkarussell zu stoppen und neue Ideen zu kreieren, benötigen
wir Auszeiten. Zeit für uns. Das muss nicht immer ein dreiwöchiger
Urlaub sein, es reichen kleine Momente im Alltag, die Balsam für die
Seele sind. Bei einer Tasse Tee, einem kleinen Spaziergang oder dem
Hören unseres derzeitigen Lieblingssong. Hauptsache, das Handy
kann uns nicht mit einem kleinen »Pling« aus unserer schützenden
Hülle hervorlocken und uns zum gewohnheitsmäßigen Griff, zum
Sofort-antworten-Modus verleiten.

In dieser Hinsicht können wir uns den werdenden Schmetterling
in seinem Kokon als Vorbild nehmen: Für ihn ist die mehrwöchige
oder gar monatelange Ruhepause völlig normal, und sie wird auch
gar nicht hinterfragt! Das gehört zum biologischen Programm.
Diskutieren sinnlos. Ohne den »Still-Stand« gibt es keinen Falter.
Wir täten gut daran, uns genauso zu verhalten. Also nicht ständig
die Mittagspause ausfallen zu lassen, weil es ja noch so viele Mails zu
beantworten gilt. Oder sich noch spät abends bei Internet-Auktionen
und Social-Media-Accounts zu tummeln. Sondern schlicht und einfach zu akzeptieren, dass wir Erholungsphasen und ausreichend Schlaf
benötigen. Um uns zu regenerieren. Um am nächsten Tag wieder fit
zu sein für Arbeit und Vergnügen. Um überhaupt ausdauernd sein

zu können. Um uns mit vollem Elan kniffligen Projekten widmen zu können.

Wer sich dann noch Unterstützung von außen holt, von Experten, von Leuten aus dem Umfeld, die es gut mit einem meinen, macht es wie die Schmetterlinge: Sie nutzen die Natur und lassen sich vom Wind über die Alpen tragen. Spart Kraft, Energie und Zeit. Distelfalter, Taubenschwänzchen und Admiral schaffen mit Hilfe des Windes die Reise zu ihren Winterquartieren in Nordafrika und wieder zurück in hiesige Breiten. Die zarten Falter sind ganz schön clever, oder? Ihr favorisiertes Flugwetter: trocken und sonnig. Bei welchen »Umgebungsbedingungen« schaffen Sie schwierige Aufgaben oder sind Sie besonders ausdauernd? Was gibt Ihnen Auftrieb? Was verleiht Ihnen Flügel?

Bei Alles-alleine-Machern und One-Women-Show-Fans ist die Schmetterlings-Tugend, Natur und Wind zu nutzen, nicht weit verbreitet. Sie setzen auf die eigenen Ressourcen. Wollen alles allein schaffen. Jemand um Hilfe zu bitten? Pah, das geht gar nicht. Nur im äußersten Notfall, wenn die eigenen Flügel nicht tragen, nicht funktionieren. Mir ist das nicht fremd. Ich kenne so eine Person. Ich treffe sie schon morgens, wenn ich in den Spiegel schaue. Während meiner Krankheit habe ich zwangsläufig gelernt, mich unterstützen zu lassen, dem menschlichen Wind zu vertrauen. Und festgestellt, es tut überhaupt nicht weh, junge Männer zu bitten, Einkaufstüten, Blumenerde und Wasserkästen in den Kofferraum zu heben. Im Gegenteil. Ist ziemlich effizient und energiesparend. Null Kalorienverbrauch – wie bei Schmetterlingen, die den Wind nutzen.

 **Die Fünf-Finger-Technik**

Damit Sie Ihr Ziel, Ihren Plan nicht aus den Augen verlieren und durchhalten, hilft die Fünf-Finger-Technik: Jedem Finger ist ein Thema beziehungsweise eine Frage zugeordnet. Sie können praktisch an einer Hand ablesen, was Sie täglich für Ihre Ausdauer tun – im beruflichen, privaten oder sportlichen Bereich. Das motiviert ungemein und hilft Stillstände raupenartig und ökonomisch auszuhalten.

Daumen = Dazulernen: Was haben Sie heute gelernt, damit Sie leichter dranbleiben an Ihrem Vorsatz?

Zeigefinger = Ziel: Was fehlt noch zum Erreichen Ihres Ziels? Welche Zwischenschritte haben Sie bereits erfolgreich umgesetzt?

Mittelfinger = Menschen: Wer kann Sie unterstützen? Wen könnten Sie zum Mitmachen und Motivieren überzeugen?

Ringfinger = Ratgeber: Wer kann von Ihren Erfahrungen profitieren? Wem können Sie was beibringen?

Kleiner Finger = Körper: Was haben Sie für Ihren Körper getan? Genug getrunken? Reichlich Pausen gemacht? Einen Massagetermin ausgemacht?

Gehen Sie die fünf Finger durch und beantworten Sie die Fragen. Sie können mit jedem beliebigen Finger starten. Notieren Sie sich die einzelnen Punkte auf einem Blatt Papier oder in Ihr (digitales) Notizbuch. Sie können auch zuerst Ihre Hand auf das Papier legen und mit einem Stift umranden. Dann haben Sie eine fünf-Finger-Vorlage und können die Punkte gleich beim jeweiligen Finger eintragen.

 ## Runterkommen und auftanken

Ich bin ein großer Fan des »Morgenmagazins«, das montags bis freitags in ARD und ZDF von 5.30 bis 9 Uhr läuft. Als Frühaufsteherin ist das meine »heilige Zeit«. Hier tanke ich Kraft und genieße die morgendliche Ruhe. Es kann aber auch passieren, dass ich früh am Morgen schon frustriert und auf Hundertachtzig bin: nämlich dann, wenn ich erfahre, dass die deutsche Handball-Nationalmannschaft bei der WM 2017 in Frankreich gegen Katar im Achtelfinale ausgeschieden ist! Paah, äääтzend!

Kennen Sie das auch? Sie hören etwas, was Sie nicht hören, geschweige denn sehen wollen? Selbst Monate später ärgere ich mich noch über das K.O. der Handballer. Da ist es dann ruckzuck mit meiner Gelassenheit vorbei. Schmetterlingsgefühle? Fehlanzeige! Mein aufgewühltes Fan-Herz blockiert vernünftige Gedanken, macht mich fahrig, unkonzentriert und spitzzüngig. Telefonate mit Kunden oder Coaching-Klienten sind in solchen Momenten undenkbar.

Um mich wieder »abzuregen«, greife ich auf verschiedene Methoden zurück – je nach Situation, Ort, und Zeit. Das erste Mittel der Wahl ist für Frau Wahl immer Bewegung. Wenn möglich gehe ich eine Runde um den Block oder zur Post, jogge oder bringe den Müll runter, um auf andere Gedanken zu kommen und mich wieder mit Positivem zu »beflügeln«. Strategie Nummer zwei: Meinen Frust mit einem Gleichgesinnten teilen! Also Bruder anrufen und Fachsimpeln über die desaströse Wurfausbeute, die katastrophalen Ballverluste der Handballer, die doofen Schiedsrichter und, und, und.

Wenn ich beim Unterrichten vor einer Gruppe stehe und ein Teilnehmer mich verbal angreift – was im Übrigen immer wieder passiert – nutze ich eine andere Taktik: Für solche Situationen habe ich mir extra einen Feenstab im Spielzeugladen gekauft. Silber mit pinkfarbenen Steinen. Den hole ich mir dann aus meiner Requisiten-Kiste, im Zeitlupen-Tempo. Diese wenigen Sekunden nutze ich, um mich gedanklich von der Aussage abzugrenzen, um Ruhe in meinen Kopf und Gefühlshaushalt zu bringen. Etwa mit Sätzen wie: »Das hat mit mir nichts zu tun, der hat ein Problem und das versucht er auf mich abzuwälzen! Ich kann nichts dafür und das ist auch nicht mein Job!« So verwandle ich die negativen Worte in Auftriebs-Energie und verhalte mich wie ein Schmetterling, der den Wind nutzt, um hohe Berge zu überwinden. Sie fragen sich: Welche Rolle spielt der Feen-Stab? Ich halte ihn in der Hand, nähere mich dem »Angreifer« und sage freundlich: »Stellen Sie sich vor, ich wäre eine Fee und diese Fee würde Ihnen einen Wunsch erfüllen. Welcher Wunsch wäre das?«

Solche »Tricks« hat jeder zum Runterfahren. Sie müssen nicht mit Feen-Stäben oder sonstigen Requisiten kombiniert werden. Doch damit erziele ich als Trainerin einen merk-würdigen Effekt. Welche Cool-down-Strategien haben Sie auf Lager? Welches Verhalten, welche Gedanken helfen Ihnen? Nutzen Sie ein paar ruhige Minuten, um sich über Ihre persönlichen Strategien klar zu werden. Sie werden sicher fündig! Wenn Sie mögen, können Sie dazu die Fünf-Finger-Technik nutzen. Notieren Sie sich Ihre Erkenntnisse. Dadurch werden Ihnen Ihre speziellen Unterstützer-Strategien bewusst und abrufbar.

Kraftvoll abheben

Kennen Sie auch Menschen, die morgens vor 10 Uhr nicht sprechen? Morgenmuffel? Die sich verhalten wie Schmetterlinge? Die müssen nämlich nach kühlen Nächten erst einmal ihre Flügel »auftauen«, ehe sie abheben. Lassen Sie Morgenmuffeln die Zeit, die sie benötigen und akzeptieren Sie diese Eigenheit. Statt das Gegenüber zu drängen oder sich zu ärgern, können Sie sich mit folgenden Fragen beschäftigen: Wie kommen Sie selbst auf Touren? Was wärmt Sie auf? Wo laden Sie Ihre Akkus auf, um von der Ruhe wieder in die Kraft zu kommen? Ein ganz einfaches Beispiel hilft bei der Antwort: Wie überwinden Sie nach der Mittagspause die »Fressstarre«?

 **Mehr Dopamin, mehr Glück**

Wenn wir etwas erledigt haben, springt unser Belohnungszentrum im Gehirn an und schüttet den Botenstoff Dopamin (Neurotransmitter) aus, der Glücksgefühle auslöst! Das hat Michaela Brohm-Badry, Präsidentin der Deutschen Gesellschaft für Positiv-Psychologische Forschung herausgefunden. Deshalb sorgt Aktivität für gute Gefühle. Wenn Sie also merken, der Kokon sitzt und passt nicht mehr, er kneift wie eine zu enge Hose, dann ran an den Speck – auch im wörtlichen Sinne! Kleine nagende Unbehagen nerven – etwa die drei Kilo zu viel auf der Waage oder ein anstehendes, schwieriges Gespräch. Wenn sie nicht beseitigt werden, werden sie wie Krankheiten irgendwann mal chronisch. Und chronische Zustände sind viel schwieriger zu lindern oder gar aufzulösen als akute Missstände. Sie wissen ja, das Gehirn spielt dabei eine große Rolle. Wenn es sich erst einmal an etwas gewöhnt hat, mag es nur ungern etwas verändern. Kostet zu viel Energie, ist zu mühsam.

Agieren statt reagieren heißt die Devise! Werden Sie aktiv – auch wenn Sie bislang eher abgewartet und gehofft haben, die Dinge regeln sich von allein. Klar, das passiert immer wieder. Doch wenn Sie absehen können oder merken, dass Aussitzen nichts bringt und der Gang zu Ihrem Mitarbeiter ansteht oder das Telefonat mit dem aufgebrachten Kunden sich wirklich nicht mehr aufschieben lässt, dann bringen Sie die unangenehme Situation hinter sich. Und zwar zackig!

Das funktioniert prima, fragen Sie meine Freundin Monika! Sie hakt Unangenehmes möglichst rasch ab. »Sonst habe ich es ständig im Kopf. Wenn ich immerzu daran denke, das belastet mich zu sehr. Ich will mich nicht immer gedanklich mit so nervigen Sachen beschäftigen.« Monika nutzt folgende Strategie, um sich ernsthaft und konstruktiv auf Treffen mit unangenehmen Zeitgenossen und Kunden vorzubereiten: Sie schreibt sich auf, was sie im Gespräch sagen möchte, sammelt Argumente, strukturiert ihre Gedanken. »Das erleichtert mich. Aber ich lese dann meine Punkte natürlich nicht ab. Das ist nach der schriftlichen Vorbereitung auch nicht mehr nötig.« Und wenn Sie merkt, dass sie Arbeitsvorgänge auf ihrem To-Do-Stapel schon zum dritten, vierten oder gar fünften Mal von oben nach unten schiebt, handelt sie rigoros: »Dann wird der zuerst abgearbeitet! Fertig, aus! So krieg ich das aus meinem Kopf.«

Ich verrate Ihnen einen weiteren, feinen Trick, der ganz schnell für Zufriedenheit sorgt. Kreieren Sie für sich selbst aktiv Situationen, die Sie einerseits gut schaffen und die Sie zweitens abschließen. Tutto completto! Die einen klaren Beginn und ein eindeutiges Ende haben. Etwa 20 Minuten Joggen, Klo putzen, e i n e Schreibtischschublade entrümpeln, Fahrradschlauch flicken oder im Job die unangenehmste, nervigste Aufgabe erledigen. Letzteres nehmen Sie sich am besten für morgens vor, sofort, als ersten Punkt Ihrer Tagesliste. Wenn Sie noch voller Energie sind und sich gut konzentrieren können. Dann ist die größte Hürde genommen, Sie haben anschließend ein gutes Gefühl und können die anderen noch anstehenden Aufgaben eine nach der anderen abarbeiten. Also erst die dickste Raupe streicheln und füttern!

PERSPEKTIVE *Mariposition oder Neutraler (Ein-) Blick*

Starten wir mit einem kleinen Experiment: Legen Sie einen Apfel, Ihre Lieblings-Kaffeetasse oder ein Fläschchen Nagellack auf den Tisch und gehen Sie einmal drum herum. Oder Sie drehen einen Gegenstand Ihrer Wahl jeweils um 90 Grad. Was sehen Sie, wie verändert sich der Gegenstand?

Genau, Sie sehen plötzlich neue Facetten – je nachdem, wo Sie sich im Raum befinden und aus welchem Winkel Ihr Blick etwa auf die Tasse fällt. Einmal ähnelt der Henkel einem Ohr, wenn Sie die Tasse um 90 Grad drehen, ist der Henkel nur ein schmaler Steg und nach einer weiteren 180-Grad-Drehung ist der Henkel nur noch zu erahnen. Diese Technik nenne ich die Mariposition (Wortkomposition aus Mariposa und Position). Probieren Sie Mariposition einmal aus. Was sehen Sie und inwiefern beeinflusst ein solcher Perspektivwechsel Ihre Gedanken? Vielleicht haben Sie zwischendurch mal gedacht, »so hab ich das ja noch nie gesehen!« Genau das wollte ich Ihnen mit diesem Mini-Experiment verdeutlichen: Einen neuen Blick, eine neue Sicht gewinnen.

Wenn wir unseren Standpunkt jedoch nie ändern – weder gedanklich noch räumlich – werden wir nie etwas Anderes wahrnehmen als üblich. Wir sind dann eingeschränkt in unserer Wahrnehmung, regelrecht betriebsblind. Wenn ich in Seminaren den Teilnehmern die Mariposition erkläre, steige ich auf einen Stuhl und schaue quasi »von oben« herab in die verblüfften Gesichter. Machen Sie das bitte nur mit stabilen Stühlen oder lassen Sie sich Hilfestellung geben! Was will ich mit dieser Stuhl-Nummer erreichen? Ganz einfach: Den Teilnehmern demonstrieren, dass Sie bewusst eine andere Perspektive wählen können und umgehend neue Einsichten gewinnen.

Übrigens nehmen Sie ganz automatisch schon morgens die Mariposition ein: Wenn Sie wie gewohnt vor dem Spiegel stehen, Ihre Krawatte binden, das Make-up überprüfen oder schauen, ob die Hose auch am Hintern gut sitzt. Die Mariposition können Sie ganz gezielt einsetzen, um Lösungen oder Handlungsalternativen zu erhalten für Situationen, die Sie seit geraumer Zeit nerven oder belasten. Etwa wenn demnächst ein wichtiges Vier-Augen-Gespräch (Bewerbung, Jahresgespräch, Reklamation) ansteht.

Hilfreich: Stellen Sie sich neben sich!

Bei der Vorbereitung können Sie so vorgehen: Stellen Sie sich bitte sich selbst und die Person in der Gesprächssituation vor. Malen Sie sich aus, wie sie beide am Tisch sitzen oder auch wie Sie den Hörer in die Hand nehmen, wenn wieder mal Frau XY anruft. Ziehen

Sie sich dann gedanklich raus aus der Situation und analysieren Sie mit »neutralem« Blick die beteiligten Personen A (Sie selbst) und B (Frau XY). So als würde Sie das Ganze nichts angehen, als wären Sie nicht eine der beiden betroffenen und agierenden Personen. Gibt es zu Beginn des Gesprächs einen Smalltalk? Wird über das Wetter, den letzten Urlaub gesprochen? Was denkt Person A, was geht Person B durch den Kopf? Ist A genervt, weil schon wieder das Telefon klingelt und sie auf dem Display die Nummer von Frau XY sieht? Die sicher wieder eine Frage zum neuen Computerprogramm hat, zum hundertsten Mal? Welches Ziel verfolgt jede Person? Was eint die beiden Gesprächspartner, was unterscheidet sie? Welches Ergebnis könnte das Gespräch haben? Wie fühlen sich A und B?

Sie finden, dass das ganz schön schwierig ist? Wenn Sie in die Haut des Anderen schlüpfen und sich in dessen Kokon umsehen sollen? Zugegebenermaßen ist das anfangs wirklich schwierig. Sich und seine Gefühle einerseits auf die Seite zu schieben und andererseits Emotionen, Gedanken und Reaktionen einer anderen Person »neutral« zu beschreiben und zu analysieren. Doch Sie werden sehen, je öfter Sie die Mariposition einnehmen, umso leichter fällt es Ihnen. Im Coaching üben wir dies immer wieder. Denn wer sich in den anderen hineinversetzen kann, wer empathisch ist und mitfühlt, verhält sich toleranter und findet selbst in vertrackten Situationen eine Lösungsmöglichkeit, einen Weg.

(OFFENHEIT) **Bloß keine Dino-Allüren!**

Eines kann ich Ihnen versprechen: Wenn Sie ein Lomodo-Typ oder Corazon-Typ sind (vgl. Kapitel 3 »Mein Kokon, mein Biotop«), werden Sie jetzt gleich heftig schlucken: Offen sein, neue Dinge ausprobieren, unbekannte Wege gehen, das stellt doch Ihre Einstellung völlig auf den Kopf, oder etwa nicht? »Muss das wirklich sein?«, fragen Sie. Ja, sich einlassen auf Fremdes und Ungewohntes muss sein! Da führt kein Weg dran vorbei. Weder im privaten noch beruflichen Bereich. Sonst sind Umbrüche kaum zu meistern. Auch wenn ich das lomodomäßige Bedürfnis nach Kontrolle, Stabilität und Verlässlichkeit sehr gut nachvollziehen kann. Doch leider spielt da das Leben nur manchmal mit. Äußerst selten bietet es hundertprozentige Sicherheit.

Für diejenigen, die ganz anders gepolt sind, die ständig auf der Suche nach Nervenkitzel und speziellen Kicks sind, lässt sich eine ganze Branche stets Extravagantes einfallen. Der österreichische Energy-Drink-Hersteller Red Bull tritt als Sponsor von Fußball- und Eishockey Clubs sowie zig Outdoor-Veranstaltungen auf und hat viele Extremsportler unter Vertrag. Das Event-Spektrum reicht von Sportarten wie Ski, Snowboard, Motorsport, Radsport bis hin zu Skateboarding und den Weltmeisterschaften im Wingsuit-Fliegen. No risk, no fun – heißt das Motto bei den Basejumpern. Auch wenn den Spaß schon einige junge Extremsportler mit dem Leben bezahlt haben: die Zuschauer strömen stets in Massen zu den Spektakeln überall auf der Welt.

Wer hierzulande punkten will, sollte sich an der repräsentativen Umfrage des Meinungsforschungsinstituts YouGov im Auftrag von Brigitte (21/2016) orientieren: 91 Prozent der Befragten finden es für den beruflichen Erfolg von Frauen sehr wichtig, dass diese sich immer weiter entwickeln und Neues lernen. Sehen Sie das genauso? Dann suchen Sie sich eine Fortbildung, einen Workshop oder einen Vortrag, der Sie thematisch reizt und zeitlich gut passt.

Von anderen lernen, schauen, wie machen es die Kollegen oder Mitbewerber. Statt den Konkurrenzkampf zu starten, sollten Sie lieber genau beobachten, was bei anderen funktioniert. Was lernen Sie daraus für sich selbst?

Auch Schmetterlinge haben sich im Laufe der Evolution fortgebildet und Neues gelernt: Wenn es kein Wasser gibt, gewinnen einige Arten dringend benötigte Flüssigkeit und Mineralstoffe eben aus Tränen oder Urin. Ganz schön flexibel, oder? Auch Sie können sich an Ungewohntes herantasten – mit einer ganz einfachen Übung: Falten Sie Ihre Hände. Welcher Daumen liegt oben? Bei mir ist es der linke. So, und nun wechseln. Also Hände wieder falten, nun liegt der andere Daumen oben. Wie fühlt sich das an? Komisch? Ungewohnt? Merkwürdig? Genau, ist bei mir auch so. Der Trend geht normalerweise immer zu »So wie immer«, also zum Autopiloten, der sicher immer zum gleichen Ziel führt. Doch je öfter ich bewusst die neue Faltweise anwende, umso vertrauter fühlt sie sich an.

SINN   Synapsenparty im Alltag

Wovon träumen Sie? Wonach sehnen Sie sich? Was bringt Ihr Herz zum Klingen?

Was zählt für Sie wirklich im Leben? Eine genauere Vorstellung von dem, was für Sie unverzichtbar und indiskutabel ist, haben Sie ja bei der Übung mit der Werteliste (Kapitel 5 »Der Flug des Schmetterlings«) bekommen. An Ihren drei Top-Werten können Sie sich orientieren und überlegen, was Sie in diesen Bereichen tun könnten, um künftig zufriedener und gelassener zu werden. Vielleicht erinnern Sie sich an Kerstin M., die sich um ein Flüchtlings-Ehepaar aus Eritrea kümmert und aus den Treffen irre viel Energie zieht.

Was wollten Sie als Kind werden? Welche Hobbies lieben Sie, die Sie aber schon seit Wochen oder Monaten hintangestellt haben? Sehnsuchts-Sätze beginnen oft mit »Ich würde ja gerne mal wieder …« Dann tun Sie es! Sie haben keine Zeit? Dann sollten Sie sich Zeiträume schaffen. Ihre Frau findet Segelfliegen doof? Hmm, blöd. Dennoch sollten Sie mit ihr sprechen und gemeinsam überlegen, wie Sie die Wochenenden gestalten, sodass alle Familienmitglieder auf ihre Kosten kommen. Insbesondere ihre Frau, die sicher gerne mal wieder mit ihrer Freundin ein Wellness-Wochenende verbringen würde. Und ja, dann ist die Wohnung eben nicht wie geschleckt und der Rasen nicht so spitzenmäßig getrimmt wie in englischen Vorgärten. Wie sagte einer meiner früheren Chefs: »Einen Tod müssen Sie sterben, Frau Wahl!«

Wer sinnvolle Aufgaben und Projekte hat, aktiv in Vereinen mitarbeitet und anderen Menschen etwas Gutes tut, der wird von seinem Gehirn belohnt. In Form von Dopamin. Dopamin ist die Leistungs- und Erfolgsdroge schlechthin, die zwischen Ihren Ohren eine Synapsenparty veranstaltet. Wer ein Verfechter der Maxime »Lebenslanges Lernen« ist, für den ist Wandlung, Verwandlung und Neubeginn kein Problem. Im Gegenteil. Solche Menschen finden immer sinnvolle Betätigungen und flattern munter durch die Welt. Sie müssen nicht Ihr gesamtes Leben umkrempeln und auch nicht von einem Tag auf den anderen. Doch wenn Sie etwas gefunden haben, bei dem Sie völlig die Zeit vergessen und Ihre Akkus aufladen könnten, dann sollten Sie das so oft auf Ihr Tagesprogramm setzen wie möglich.

Ganz im Sinne der buddhistischen Weisheit: »Tue, was du liebst und liebe, was du tust« oder wie der chinesische Philosoph Konfuzius sagte: »Wenn du liebst, was du tust, wirst du nie wieder in deinem Leben arbeiten.«

 **Es lohnt sich!**

Vivienne Ming, promovierte Neurowissenschaftlerin, Unternehmerin und Spezialistin für Big Data im Kalifornischen Berkeley, bringt das Dilemma in einem Interview mit der Frankfurter Allgemeinen Sonntagszeitung (8. Januar 2017) auf den Punkt: »Unser Gehirn ist hochentwickelt, allerdings träge, wenn es entscheiden muss.«

Also überlassen Sie Entscheidungen nicht Ihren grauen Zellen, sondern treffen Sie sie selbst. Aktivieren Sie Ihren Willen und entscheiden Sie sich für den Aufbruch. Lassen Sie sich leiten von Albert Camus, dem folgendes Bonmot zugeschrieben wird: »Die meisten großen Taten, die meisten großen Gedanken haben einen belächelnswerten Anfang.«

 **Aller Anfang gelingt leicht mit der A-Z-Liste**

Sie fragen sich, wie Sie starten sollen? Na, ganz einfach, mit einem ersten Schritt! Holen Sie ein Blatt Papier oder Ihr Notizbuch und dann sortieren Sie Ihre Gedanken. Mit der A-Z-Liste. Schreiben Sie an den linken Seitenrand alle Buchstaben des ABC untereinander – wirklich alle! Oder verteilen Sie das ABC auf zwei Seiten. Nun ergänzen Sie jeden Buchstaben mit einer Tätigkeit, einer Aktivität, die Sie Ihrem Vorhaben näher bringt und die mit jeweiligen Buchstaben des Alphabets beginnt. Und zwar notieren Sie bitte jede Idee! Unabhängig davon, ob Sie sie tatsächlich in die Tat umsetzen oder ob Sie sie für realistisch halten. Im ersten Schritt sammeln Sie lediglich alles, was Ihnen durch den Kopf schwirrt. Brainstorming eben.

Nehmen wir an, Sie möchten künftig mehr Zeit für sich haben. Mehr Zeit für Sport, mehr Zeit für ihre Freunde. Schreiben Sie dann hinter A etwa »**A**llen Betroffenen mein Ziel mitteilen«. Hinter B könnte stehen, »**B**H, sporttauglich, kaufen«. Und hinter C? »**C**aroline anrufen!«, »**C**ampingplatz mit Sportangeboten für nächsten Urlaub suchen« oder »**C**annelloni einkaufen«. Vervollständigen Sie alle Buchstaben von **A** wie **A**usschlafen bis **Z** wie **Z**apfhahn oder **Z**auberkünstler. Wenn Ihnen nichts mehr einfällt, gehen Sie einen **C**appuccino trinken, mit dem **D**ackel Ihres Nachbarn spazieren oder **E**nten am Teich füttern, dann kommen Sie schon auf neue Ideen.

Fertig? Dann folgt der zweite Schritt! Legen Sie nun fest, welchen Buchstaben, welche Ihrer gesammelten Maßnahmen Sie konkret angehen. Was ist das Erste, was Sie wirklich, ganz konkret tun werden? Was folgt anschließend? Notieren Sie eine 1, 2 und 3 zu den Buchstaben. Und vergessen Sie nicht, jeweils einen exakten Termin, einen Tag mit Uhrzeit festzulegen. Sie wissen ja, was sonst passiert? Richtig, nichts! Wenn Sie also einige Ihrer Freunde einladen möchten, legen Sie den Termin fest und gehen Sie Cannelloni einkaufen zu dem Zeitpunkt, den Sie sich gesetzt haben.

Kümmern Sie sich von nun an immer öfter um Ihre eigenen Bedürfnisse. Erst vielleicht in homöopathischen Dosen mit Hilfe der A-Z-Liste, damit Sie, Ihr Körper und Ihr Gehirn sich langsam umgewöhnen. Lassen Sie sich leiten von Ihren lang gehegten Wünschen und Träumen, Ihren Zielen und Werten. Vertrauen Sie Ihrem inneren Leitsystem, Ihrem Bauchgefühl. Es achtet penibel darauf, dass Sie auf Ihrem Weg bleiben, den Überblick behalten. Erst ähneln neue Wege verschlungenen Trampelpfaden durch den Dschungel, doch irgendwann flattern Sie beschwingt und gelassen darüber hinweg. Wie Schmetterlinge, die sich von ihren Fühlern zu leckeren Blüten führen lassen.

Achten Sie auf das was, was Ihnen gut tut. Der Einzige, der das machen kann, sind Sie selbst! Ich kann Sie zwar als Coach auf Ihrem Weg begleiten, Sie unterstützen, Impulse geben, doch die Verantwortung für Ihr Leben liegt bei Ihnen. Sie sind der Regisseur, der Gestalter und Sie sagen, wo es langgeht. Sie bestimmen darüber, wer an Ihrer Seite sein soll und wann es Zeit ist, die Flügel zu entfalten und den Abflug zu wagen. Sie können jeden Tag gestalten, jeden Tag haben Sie die Wahl. Also nutzen Sie sie und legen Sie los. Jetzt.

SchlussgeDanken

Schön, dass Sie mit mir die Reise durch die Metamorphose der Schmetterlinge gemacht haben und durch die sechs Kapitel geflattert sind. Nun sind wir am Ende des Buches angelangt. Ein Ende, das gleichzeitig ein Anfang ist und immer wieder einer sein wird. Denn dafür steht das MARIPOSA-Prinzip: Es gibt ständig etwas zu tun bzw. wir könnten etwas unternehmen, um unsere innere Widerstandskraft zu kräftigen – wenn wir denn wollten.

Dazu passt das Zitat von Heinrich Heine, das ich bei einer Glückssprüche-Lotterie auf einem Kongress gezogen habe: »In uns selbst liegen die Sterne unseres Glücks.« Wenn ich Sie bei der Suche Ihrer persönlichen Glückssterne unterstützen konnte, freut mich das sehr. Oder wenn ich einen kleinen Beitrag leisten konnte, dass Sie die Eisenkugeln an Ihren Beinen (s. Prolog) in Eisenkügelchen verwandeln konnten. Oder dass Sie mutig einen ersten Mini-Schritt zu mehr Gelassenheit und Zufriedenheit in Ihrem Leben getan haben.

Vielleicht sind Sie beim Lesen an einem ganz bestimmten Satz hängengeblieben. An einer Formulierung, die sich in Ihre Gehirnwindungen eingenistet hat. Manchmal wirken bestimmte Passagen wie Initialzündungen. Seminarteilnehmer und Coaching-Klienten berichten mir immer wieder, dass ein Wort, ein Gedanke sie ermuntert hat, loszulegen und ihren Kokon zu verlassen. Frau Bienzle, aus dem mehrteiligen Kurs »Der täglichen Stressfalle entkommen« ging es beispielsweise so. »Sie hatten doch beim letzten Treffen gesagt, dass man durchaus einmal nein sagen darf.« Stimmt. »Das habe ich jetzt schon einige Male gemacht. Bei meinem Chef und bei einer Kollegin.« Und? Frau Bienzle strahlt übers ganze Gesicht: »Es war echt richtig schwierig und ich habe lange mit mir gekämpft, doch es hat super funktioniert. Weil ich nein gesagt habe, sind mir einige Überstunden erspart geblieben.«

Welcher Satz bei wem hängenbleibt, das können weder Trainer noch Autoren beeinflussen. Nicht immer erfahren wir, wenn wir

etwas angestupst haben. Herrn Hagenbichler etwa traf ich zufällig
auf dem Gang, eine Woche nach meinem Vortrag »Stress ist relativ
– Strategien gegen Burnout«. Wir hatten uns kaum begrüßt, da legte
er schon los: »Also Frau Wahl, das muss ich Ihnen jetzt erzählen. Bei
Ihrem Vortrag sagten Sie, man solle immer wieder prüfen, ob sich die
Zeit und die Energie, die man in ein Projekt steckt, auch tatsächlich
lohnen. Das habe ich mir sofort notiert.« Warum ihn das so angesprochen hat? »Ich mache doch neben meinem 40-Stunden-Job ein
berufsbegleitendes Studium.« Wo ist das Problem? Herr Hagenbichler
druckste herum. »Hmm, meine Frau sagte, dass ich seit Monaten
sehr angespannt bin und nie Zeit für die Familie habe. Aber ich muss
doch in die Vorlesungen und zu Hause lernen.« Aha, daher weht der
Wind. »Aber keine Sorge, Frau Wahl«, fügte er schnell hinzu, »meine
Frau unterstützt mich weiterhin.« Ich konnte gerade noch sagen,
»Puh, da bin ich aber froh«, schon war er davongeeilt.

Mehr als froh bin ich, dass mein Mann, Thomas Schraid, mich
bei all meinen Projekten unterstützt und mich reisen, schalten, walten und schreiben lässt. Wenn ich unterwegs bin, kümmert er sich
um Balkonpflanzen sowie Gemüsebeete und wenn ich nach Hause
komme, köchelt eine Fischsuppe auf dem Herd. Meiner langjährigen
Reisepartnerin und Freundin Sigi Daniel danke ich, dass sie mich
immer ermuntert hat, dieses Buch zu schreiben. Und nicht aufgehört
hat zu fragen: »Wann ist es fertig? Wann kann ich es lesen?«

Ein Danke auch allen Coaching-Klienten, Interviewpartnerinnen
und Seminarteilnehmern für ihr Vertrauen und die Einblicke in ihr
Leben, mit allen Höhen und Tiefen. In meinen gesundheitlichen
Tiefphasen konnte ich mich auf Klaus Strobl (Masseur, Lymph-
therapeut), Dr. Doris Fleckenstein (internistische Onkologin),
Dr. Stephan Metz (Radiologe) und meine Hausärztin Karin von
Stuckrad verlassen. Zwar bin ich sehr an Biologie interessiert, doch
von einer Schmetterlings-Spezialistin weit entfernt. Daher danke
ich Dr. Jochen Behrmann, Geschäftsleiter Bund für Umwelt und
Naturschutz Deutschland (BUND) des Landesverbandes Nordrhein-
Westfalen e.V., dass er die Passagen über Schmetterlinge unter die
Lupe genommen hat.

Und Sie hätten das Buch nicht in der Form in Ihren Händen,
wenn mich nicht zufällig Verleger Andreas Kohlhage auf einer

Business-Plattform angeschrieben hätte. Schon die ersten Mails waren humorvoll und kurzweilig. Kein Wunder, dass auch unsere Zusammenarbeit unkompliziert, inspirierend und konstruktiv verlaufen ist. Auch Münir Sevim war eine Zufallsbekanntschaft, in einem Taxi in Köln. Ich habe ihm von meinem Buch, von Schmetterlingen und dem MARIPOSA-Prinzip erzählt und er mir von seinen Projekten als Lyriker und Komponist. Das Gedicht »Schmetterlinge« hat er für seine Tochter geschrieben und mir für dieses Buch überlassen. Kein Zufall war es, dass ich Buchcoach Isabella Kortz gebeten habe, mich durch den Schreibprozess zu begleiten und an der Struktur zu feilen. Ich kannte sie bereits von anderen Projekten und wusste, dass sie mich fördern, fordern und kritisieren wird. Auch wenn das manchmal ganz schön hart war. Doch es hat sich gelohnt, oder?

Knapp zwei Jahre habe ich an diesem Buch gearbeitet. Mein Plan war, dass ich das MARIPOSA-Prinzip an meinem Schreibtisch entwickle. Doch Pustekuchen! Da ging überhaupt nichts. Keine Idee, keine Texte. Stattdessen habe ich im Internet gesurft, Rosen geschnitten oder Wäsche gewaschen. Glücklicherweise gibt es bei mir um die Ecke die »Urban Bakery«, die ich kurzerhand zu meinem Schreibcafé umfunktioniert habe. Stundenlang saß ich dort und hab mich von Janusz, Laura, Tom und Maja mit Espresso, Kaffee, Tee und Schokocroissants verwöhnen lassen. Außerdem lernte ich dort interessante Menschen kennen.

Zugegebenermaßen kostet es manchmal Mut, ein Gespräch mit einem wildfremden Cappuccino-Trinker anzufangen – selbst wenn man ein so neugieriges Wesen ist wie ich. Vielleicht sind Sie schüchtern, dann ist ein Smalltalk für Sie sicher eine Herausforderung. Aber auch eine sehr gute Übung, um mit Mitmenschen in Kontakt zu kommen. Ich genieße kurze Begegnungen mit Fremden, Kollegen oder Nachbarn. Aber auch lange Familientreffen und ausschweifende Kneipenabende mit Freunden. Die Forschung bestätigt, dass besonders soziale Beziehungen und Kontakte helfen, mit Tiefschlägen und persönlichen Einbrüchen umzugehen. Selbst resiliente Menschen sind vor Bruchlandungen nicht gefeit. Doch sie bewältigen unerwartete, abrupte Wendungen schneller und stabiler als andere.

Haben Sie inzwischen einen Blick aus Ihrem Kokon geworfen oder sind Sie bereits einmal über Ihren Schatten geflattert? Dann haben Sie gespürt, wie wohltuend es ist, endlich eine Altlast aus der Welt zu schaffen oder den ersten Schritt in Richtung eines Herzenswunsches zu tun. Und es lohnt sich: Je öfter Sie sich trauen, konkret etwas zu tun, was Ihnen wichtig ist, also Ihre Lieblingsblüte anfliegen, desto gelassener und optimistischer bleiben Sie in Krisensituationen. Denn eines ist sicher: Das Leben ist und bleibt überraschend, emotionale Schleudergänge inklusive.

Ich wünsche Ihnen viele mutige, genüssliche und vergnügliche Momente bei Ihren Ausflügen in (un-)bekannte Gefilde.

Literatur

Altmann, Gela: Sturz in die Tiefe. Malik, München 2016.

Bilgri, Anselm: Vom Glück der Muße. Wie wir wieder leben lernen. Piper, München 2014.

Berndt, Christina: Resilienz. Das Geheimnis der psychischen Widerstandskraft. Was uns stark macht gegen Stress, Depressionen und Burn-out. dtv, München 2015.

Boone, Ezekiel: Die Brut. Sie sind da. E-Book, Fischer, Frankfurt 2017.

Bordt, Michael: Die Kunst, sich selbst zu verstehen. Ein philosophisches Plädoyer. Elisabeth Sandmann, München 2015.

Buchacher Walter / Wimmer Josef: Das Selbst-Coaching-Seminar. Ich nehme meine Zukunft selbst in die Hand. Linde, Wien 2010.

Carle, Eric: Die kleine Raupe Nimmersatt. Gerstenberg, Hildesheim, 42. Auflage 2015.

Corssen, Jens / Tramitz, Christiane: Ich und die anderen. Als Selbst-Entwickler zu gelingenden Beziehungen, Audio CDs. Argon Balance, Berlin 2014.

Dobelli, Rolf: Die Kunst des klugen Handelns. 52 Irrwege, die Sie besser anderen überlassen. dtv, München 2014.

Dobelli, Rolf: Die Kunst des klaren Denkens. 52 Denkfehler, die Sie besser anderen überlassen. DTV, München 2014.

Dweck, Carol: Selbstbild. Wie unser Denken Erfolge oder Niederlagen bewirkt. Piper, München 2009.

Eckert, Gabriele: Wenn Fische fliegen … Die Chinesische Quantum Methode. WeiterSein, Bönnigheim 2012.

Enders, Giulia: Darm mit Charme. Alles über ein unterschätztes Organ. Ullstein, Berlin 2014.

Entomologie heute 24 (2012): Beiträge zur Biologie des Kleinen Nachtpfauenauges. Natur & Wissenschaft, Solingen.

Frädrich, Stefan: Das Günter-Prinzip. So motivieren Sie Ihren inneren Schweinehund. Gabal, Offenbach, 7. Auflage 2013.

Frank, Gunter / Storch, Maja: Die Mañana-Kompetenz. Auch Powermenschen brauchen Pause. Piper, München 2014.

Frankl, Viktor E.: Wer ein Warum zu leben hat. Lebenssinn und Resilienz. Beltz, Weinheim 2017.

Funken, Christiane: Sheconomy. C. Bertelsmann, München 2016.

Heller, Jutta: Resilienz – 7 Schlüssel für mehr innere Stärke. Gräfe & Unzer, München 2013.

Heller, Jutta: Das wirft mich nicht um. Mit Resilienz stark durchs Leben gehen. Kösel, München 2015.

Hirschhausen, Eckart von: Die Leber wächst mit ihren Aufgaben. Rowohlt, Reinbek 2008.

Holzner, Andy: Balanceakt. Blind auf die Gipfel dieser Welt. Malik, München 2012.

Hustvedt, Siri: Der Sommer ohne Männer. Rowohlt, Reinbek, 7. Auflage 2013.

Hustvedt, Siri: die zitternde Frau. Eine Geschichte meiner Nerven. Rowohlt, Reinbek, 4. Auflage 2014.

Kälin, Karl / Müri, Peter: Sich und andere führen. Psychologie für Führungskräfte, Mitarbeiterinnen und Mitarbeiter (16. überarbeitete und erweiterte Auflage). hep, Bern 2015.

Kroschel-Lobodda, Evelin: Warum ich tue, was ich tue. Eine universale Motivationstheorie. EHP, Gevelsberg 2017.

Lehrhaupt, Linda / Meibert Petra: Stress bewältigen mit Achtsamkeit. Zu innerer Ruhe kommen durch MBSR. Kösel, München 2010.

Leiris, Antoine: Meinen Hass bekommt ihr nicht. Blanvalet, München 2016.

Levitt, Steven D. / Hubner, Stephen J.: Superfreakonomics – Nichts ist so wie es scheint. Über Erd-Abkühlung, patriotische Prostituierte und Selbstmord-Attentäter mit Lebensversicherung. Goldmann, München 2011.

Linke, Denise: Nicht normal, aber das richtig gut: Mein wunderbares Leben mit Autismus und ADHS. Berlin-Verlag, Berlin 2015.

Moestl, Bernhard: Der Weg des Tigers. Erkenne, warum du besonders bist, und erreiche jedes Ziel mit Leichtigkeit. Knaur, München 2015.

Müller, Raphael: Ich fliege mit zerrissenen Flügeln. Fontis, Basel 2016.

Neiman, Susan: Warum erwachsen werden? Eine philosophische Ermutigung. Hanser, Berlin 2015.

Novák, Ivo: Schmetterlinge. Werner Dausien, Hanau 1986.

Paulus, Trina: Hoffnung für die Blumen. Die Geschichte einer Raupe, die beinahe vergaß, dass sie ein Schmetterling werden kann. Ansata, Interlaken 1989.

Petzold, Hilarion G.: Transversale Identität und Identitätsarbeit. In: Identität. Ein Kernthema moderner Psychotherapie – interdisziplinäre Perspektiven (Hg. H. G. Petzold). VS, Wiesbaden 2012, S. 407-558.

Rath, Tom: Entwickle deine Stärken. Mit dem Strengthfinder 2.0. Redline, München 2017.

Reinhardt, Michael: Durchzug. Die unbewussten Faktoren der Kommunikation und wie man sie nutzt. WeiterSein, Bönnigheim 2012.

Schmid, Wilhelm: Gelassenheit. Was wir gewinnen, wenn wir älter werden. Insel, Berlin 2014.

Schneider, Maren: Der kleine Alltags-Buddhist. Gräfe & Unzer, München 2013.

Simonton, Carl O.: Auf dem Wege der Besserung. Schritte zur körperlichen und spirituellen Heilung. Rowohlt, Reinbek, 2015.

Strelecky, John: The Big Five for Life. dtv, München 2009.

Strelecky, John: Wiedersehen im Café am Rande der Welt. dtv, München 2015.

Strelecky, John: Wenn du Orangen willst, such nicht im Blaubeerfeld. dtv, München 2015.

Wagner, Eike: Vom Umgang mit Widerstand in Veränderungsprozessen. Wirtschaftsmagazin perspektive:blau, Juli 2010.

Wahl, Heidi: Rhetorik. Gräfe & Unzer, München 2005.

Wahl, Heidi: Reden für private Anlässe. Schenken Sie doch einfach Worte. Gräfe & Unzer, München 2007.

Ware, Bronnie: 5 Dinge, die Sterbende am meisten bereuen. Einsichten, die Ihr Leben verändern werden. Goldmann, München 2015.

Wellensiek, Sylvia Kéré: Fels in der Brandung statt Hamster im Rad. Beltz, Weinheim 2012.

Wellensiek, Sylvia Kéré / Galuska, Joachim: Resilienz – Kompetenz der Zukunft. Beltz, Weinheim 2014.

Williams, Robert M.: PSYCH-K®. Die Macht der Überzeugungen und die Verbindung von Körper, Geist und Seele. KOHA, Burgrain 2015.

Register

Ina Jäkel, Gisbert Stein

UNTERNEHMEN(S)GESUNDHEIT

Betriebliches Gesundheitsmanagement für die Praxis

208 Seiten; zahlr. Abb., Tab., Checklisten · ISBN: 978-3-89797-095-3

Die erste übergreifende gesundheits- und kommunikationspsychologische Betrachtung zum aktuellen Stand des Betrieblichen Gesundheitsmanagements, mit wissenschaftlich fundierten Anleitungen zur Entwicklung von Führungskompetenzen, Ansätzen der Verhältnis- und Verhaltensprävention und einem Exkurs zu EAP (Employee Assistance Program) als Bestandteil einer zeitgemäßen Prävention psychischer Erkrankungen im Arbeitskontext.

- psychische Belastungsfaktoren
- Spannungsfeld und Stellenwert gesunder Führungskräfte
- gesundheitswissenschaftliche und kommunikationspsychologische Analysen
- Unternehmensgesundheit und Unternehmenskultur
- Fallbeispiele und Hinweise zur Gesprächsführung
- Checklisten

»Beispiele aus der Praxis zeigen auf, wie eine gesundheitsgerechte Kommunikation im Unternehmen aussehen und wirken kann.«
(Cäcilia Lenz-Müller, FU Berlin / Arbeit, Bildung und Forschung e.V.)

»Dass Führungskräfte neben ihrer fachlichen Kernkompetenz zunehmend als weitere Kernkompetenz auch ausgewiesene kommunikative Fertigkeiten z. B. bei der Realisierung ihrer Aufgaben der Betrieblichen Gesundheitsförderung benötigen, wird dem Leser des Buches nachdrücklich vor Augen geführt und durch vielfältige praktische Erfahrung bestätigt.«
(Prof. Dr. Herbert Bock im Vorwort)

Günther Mohr

RESILIENZCOACHING FÜR MENSCHEN UND SYSTEME

171 Seiten; zahlr. Abb.; Hardcover · ISBN: 978-3-89797-129-5

Das erste Buch, das Resilienz aus systemischer Perspektive von der praktischen Seite sowohl für den Einzelnen wie für das Unternehmen darstellt. Da Resilienz kein Faktor der Persönlichkeitsstruktur von Menschen ist, interpretiert das Buch Resilienz als dynamisches, veränderbares und durchaus auch entwickelbares Konstrukt, und das heißt, dass Mensch und System Resilienz ‚lernen‘ kann. Der Autor stellt den theoretischen State oft he Art dar und verbindet das mit zahlreichen Fallbeispielen und mit Übungen für die individuelle wie für die organisationale Praxis.

»Lesetipp!« (ManagerSeminare, November 2017)

Aus dem Inhalt:

- Resilienz im Alltag
- Resilienz und Eigenverantwortung
- Resilienzfaktoren
- Selbstwirksamkeit in Beziehungen
- Improvisationsfähigkeit, Spiel, Spaß und Humor
- Sieben praktische Schritte zur Resilienz
- Resilienz durch Meditation und Achtsamkeit unterstützen
- Kognitive Verhaltenstherapie und Imagery Rescripting
- Organisationale Resilienz
- Resilienz in den Systemdynamiken
- Aufmerksamkeit, Rollen und Beziehungen
- Systembalancen
- Systempulsation
- Dialogische Organisationsentwicklung
- Unternehmerische Resilienz in der Praxis

Evelin Kroschel-Lobodda

WARUM ICH TUE, WAS ICH TUE

Eine universale Motivationstheorie

Hg. von Gerd Lobodda, Manuela Manderfeld und Sabine Sohn
Grußwort von Norbert Szyperski

202 Seiten; Abb.; Hardcover · ISBN: 978-3-89797-097-7

Eine fundierte Erklärung zur Funktionsweise von Motivation, die auf einer ganzheitlichen Sicht des Menschen beruht. Das vorgestellte Modell zur Motivation ist in allen Lebensbereichen anwendbar, in denen Menschen agieren, von Partnerschaft und Familie zum weltweit operierenden Unternehmen. Es birgt spannende Einblicke und Erkenntnisse über menschliches Handeln bzw. Nichthandeln und zeigt Möglichkeiten zur konstruktiven, nachhaltigen Veränderung.
Für Therapeuten und Coaches, für Personal- und Organisationsentwickler, für Eltern und Lehrer, HR- und unternehmerisch Verantwortliche sowie für politische Entscheidungsträger.

»Ein meisterhaftes Lehrbuch!«
(Dr. Elke Eller, Präsidentin des Bundesverbands der Personalmanager, Vorstand für das Ressort Personal und Arbeitsdirektorin TUI Group)

»Bedingungslos zu empfehlen für Personal- und Organisationsentwickler sowie alle Sinnsuchenden.«
Werner Böhmer (Vorstand Grundig-Akademie)

»Für eine Gesellschaft, die gerade ihre Empathie für das friedliche Zusammenleben verliert.«
(Johann Horn, Mitglied Aufsichtsrat AUDI AG, Mitglied Vorstand IG Metall)

»Geschrieben mit dem besonderen Blick einer Frau, die die Menschen gekannt, erkannt und geliebt hat.«
Renate Schmidt (ehemalige Vizepräsidentin des Deutschen Bundestages und Bundesministerin a.D.)